銀座の流儀

「クラブ稲葉」ママの心得帖

Aki Shirasaka
白坂 亜紀

時事通信社

はじめに

「銀座は夢と気取りと希望の街。ここで書く意欲をかき立てられた。私の書く原動力は『銀座』だった」と故・渡辺淳一先生はおっしゃっていました。

渡辺先生といえば、もちろん作家として有名ですが、銀座のクラブで最もモテる男とも言われていました。

あるとき、「どうしたら、そんなにモテるのですか？　秘訣があったら教えてください」とお尋ねすると、「クラブでモテる秘訣は女性を口説かないことだ」とおっしゃいました。一人の女性を何が何でも自分のものにしようと口説くのではなく、どんな女の子とでも普通に楽しくお付き合いをして「決して口説かなければ、必ずモテる」と断言されました。

多くの経験を踏まえ、大人の男女の機微に通じた究極の粋人だとほれぼれしたものです。

数年後、対談させていただく機会があり、「とはいえ先生にも本命の女性がいて口説いたことはあるのでは？」と再びお尋ねすると、

「本命の女性には、アフターは札幌ラーメンを食べようと誘った。深夜一時羽田発、札幌行き『オーロラ便』という飛行機のチケットを用意していて、札幌へ〝札幌ラーメン〟を食べに行くアフターだった。当然、帰りの便はないので泊まることになる」

というお話をお伺いしました。こんな豪快な口説かれ方をしたら、どんな女性も心を奪われてしまうでしょう。

銀座には渡辺先生のような、粋を極めた男性が綺羅星のように存在します。

「夜の銀座は男のステータス」とも言われ、それほど男性にとって憧れの場所ですが、銀座に通って遊ぶには、それなりの資金力も必要です。銀座の男になることを目指して、懸命にビジネスに励み成功を勝ち取る男性たちの姿もあります。ただし、そんなギラギラした夢や欲望をむき出しにするのではなく、「粋」に振る舞うことが求められる場所でもあります。ウィットに富んだユーモアあふれる会話、周囲を包み込む余裕、そんな人間力が求められます。「夜の銀座は男を磨く街」と表現される所以です。

そして、同時にそこで男性をもてなす女性たちも、常に女を磨き自分を高めていなければ、お席に呼んでいただく機会はなくなります。

大人の男女がそんなふうに、互いを切磋琢磨し人間として成長する場である銀座。日本人が長い年月をかけて到達した「粋」という美意識が銀座には継承されています。それを守り伝えていくことが使命と、今感じています。

銀座のママという職業は、働く女性の先駆けでもありました。バブル絶頂期に大学に入ったとはいえ、当時はまだ女性が一般企業の第一線で活躍することは難しかった時代、私はこの道で生きていくことを選びました。

商売人であれば「一度は銀座で」という憧れの街、常に淘汰される戦いの街でいかに女性経営者として闘って来たのか、この本でお伝えしたいと思います。

銀座の流儀——「クラブ稲葉」ママの心得帖 ◆ 目次

目次

CHAPTER 2

「女子力」と営業

CHAPTER 3

ビジネスとしてのクラブ経営　063

目　次

CHAPTER 4

エグゼクティブの流儀　141

目　次

CHAPTER 1

銀座のクラブは「第二秘書室」

ここ数年私はありがたいことに、企業経営者やビジネスマンの方に向けて講演する機会を多くいただいております。その際、よく皆さんにご質問いただくのが、「銀座のクラブにぜひ行ってみたいけれど、実際どんな場所なのか、どんなことに気をつければいいのか、どう振る舞えばいいのか、さっぱり分からない。具体的に教えてほしい」ということです。

そこでまず「夜の銀座への誘い」としまして、クラブのそもそものしくみ、料金や時間のシステム、実際にどんな場所なのかということをご紹介したいと思います。

夜の銀座への誘い

「銀座のクラブ」とひとくくりに言っても、経営主体もメインのお客様のタイプもさまざまなお店があり、一般の方にはなかなか区別しづらいかと思います。そしてさらに私の「稲葉」は独特のシステムを取っていますので、まずここで、一般的な「銀座の高級クラブ」のシステムについて少し説明いたします。

「売り上げホステス」と「ヘルプのホステス」

銀座のクラブには二つのタイプがあり、主に男性が運営する経営母体があって、見込んだママを「雇われママ」として置いているクラブと、ママ自身が社長として経営もしている「オーナーママ」のクラブとがあります。規模の大きな高級クラブは、主に前者の形式です。稲葉は後者に当たります。

雇われママのクラブの場合は、経理的なことや人事的なこと、お客様への贈り物を送ることなど、事務的なことはすべて経営母体の会社が行いますので、ママは、ホステスとして営業のみに集中できます。そしてママ以外に、引き抜きなどで入店した、いいお客様を持った売れっ子の「売り上げホステス」が数人いて、お店の売り上げに直接貢献します。売り上げホステスは、例えば月に三〇〇万円の売り上げをノルマとして、日給五万円などという契約を結びます。そして一カ月たち、最初に設定した三〇〇万円より売り上げが多いか少ないかで、実際に支払われる日給が決まるのです。その際、売り上げがノルマを上回る場合と下回る場合とでは、日給の上がり方、下がり方の幅は同じではなく、ノルマを下回った場合の日給の引かれ方のほうが大きいのですが、こういうしくみを「スライド」と言います。

それから自分のお客様を持っていない「ヘルプのホステス」もいます。一日一組のお客様をコンスタントに呼べたら、そこそこのホステスです。売り上げのトップホステスは、一日五組、十組と呼べるホステスです。でも当然ながら、自分のお客様が同時に何組か来店したら、同席できない時間はヘルプのホステスに助けてもらうしかありません。このお客様にはこの子にヘルプさせるのがいい、あのお客様にはあの子を、とヘルプのホステスの使い方も、売り上げを左右する重要なポイントになるのです。

永久指名制

とは言っても、ホステスの世界は基本的には「永久指名制」なので、売り上げホステスのお客様をヘルプで接待したからといって、そのお客様が自分のお客様になるというわけではないのです。お連れのお客様も同様です。しかし、それではヘルプのホステスは不満ばかりになってしまいます。でも一般的なクラブのホステスたちには、例えば一人月に五回などと、同伴出勤のノルマが課せられています。これは同伴というものが「確実な来店予約」になるからです。同伴できなければ、ペナルティーが課されます。例えば、月に三回しか同伴できなければ、二日はただ働きです。そんなとき売れっ子の売り上げホステスは、ヘルプのホステスに自分のお客様の席をうまく助けてもらったお礼に、「あなた、あのお客様と同伴していいわよ」と許可を出すことがあります。または自分の同伴に一緒に連れて行ってあげて、ヘルプのホステスの成績にしてあげる、ということもあります。そしてそう言ってもらえるかどうかは、どれだけヘルプとして、売り上げホステスの席を頑張って盛り上げたか、にかかっているわけです。

そうやってヘルプのホステスも、自分の成績を伸ばしていくのです。売り上げホステスは自分のお客様の席をどうやってうまくヘルプのホステスに任せておくか、いかにその戦略を練るかがナンバーワンになれるかどうかのカギになってきます。お客様ともヘルプのホステスともうまく付き合っていくために、常に頭をフル回転させているのです。

ホステスは個人事業主

「売り上げ」にしろ「ヘルプ」にしろ、ホステスは売り上げが落ちたりノルマが達成できなかったりすれば、即「戦力外通告」です。

売り上げホステスなのに「今日あなたのお客様は来ますか?」とお店から聞かれて「分かりません」となれば、「じゃあ出勤しないで自宅待機して」となり、その日の日給はもらえません。こうして売れない子はどんどん売れなくなっていきます。

ホステスは、お店と契約書を交わした「個人事業主」です。お店は場所とスタッフを貸してあげているだけなので、お店として損をしないようなシステムになっているわけです。けれどもこのシステムでは、結局多くのホステスたちは短期間で辞めていき、お店は売れっ子ホステスを何人連れて来るかということにばかり目が向き、他店とのホステスの奪い合い、スカウト合戦に終始することになってしまうのです。そしてこういうシステムは、高度経済成長の時期に銀座のクラブというものの敷居が下がり、間口が広がり、それまでよりも多くのお客様が銀座で遊ぶようになってから出来上がったシステムなのです。

ちなみに、売れっ子のホステスともなれば、月に一〇〇〇万円以上を売り上げます。しかし同時に、自分のお客様の売掛金の回収についてはすべて自己責任で、二カ月の期日までに入金がなければそのホステス自身が個人負担しなくてはならないという、重い責任を担っているのです。私の経験から判断すると、ホステスが一〇〇人いたら、半年後に残るのは一人か二人だけです。

「稲葉」のシステム

銀座で唯一ノルマのないクラブ

前節では一般的な銀座のクラブというものの成り立ちについて説明しました。今度は少し他のお店と違い、独特なシステムを取っている私のお店「稲葉」についてお話しします。

稲葉はまず、基本的にはほとんどが私のお客様という、昔ながらのタイプのクラブです。今は私が「オーナーママ」で、その下にも「ママ」がおりますから少し違いますが、基本はママとそのヘルプホステスという構成です。そして私が経営者でもありますから、接客だけでなく、銀行との付き合いやお金の管理など経理的なことも、人を雇ったり育てたりといった人事的なこともすべてこなさなくてはなりません。

また稲葉は、おそらく銀座で唯一、同伴ノルマのないクラブです。お給料のスライド制や、ペナルティーなども一切ありません。

私は大学生のときから日本橋で雇われママをやっており、そのときの経験から、自分のお店を持つに当たっては、そういうシステムを取らないことにしました。目先の利益のためにきついノルマを課すことは、メリットよりデメリットの方が多いと考えるのです。ホステス同士でお客様を取り合ってドロドロになり、自分のお客様にするためにさっさと他店に移ったり、結局達成できずに戦力外通告になってしまったり、という具合です。ほんの一握りのホステス以外は皆短期で辞めてしまうことになり、クラブの経営上限界があるということをつくづく感じたのです。

稲葉では、同伴しなくても給料からペナルティーを引く、というマイナスはせず、その代わり同伴をしたらプラスにする、という方法です。多くのお店では新人は半年で見切りをつけられますが、私は新人ホステスを三年間はじっくりと我慢して育てます。

素人を一から育てる

稲葉では基本的に素人の女性を雇い、日給や時給だけを決めます。開店当初は、売り上げホステスのスカウトや引き抜きも試みましたが、人件費が高くなり過ぎること、いくつものクラブを渡り歩いて来たホステスにはクセのようなものが染みついてしまっている傾向があること、などの理由で、素人を一から育てることにしたのです。そして私のお客様がホステスの誰かを気に入ってくだされば、私はそのホステスを担当に変更してあげます。つまり稲葉は、永久指名制の制度も取っていないのです。そしてそのお客様の売り上げの十パーセントをそのホステスのお給料にするという、特殊なシステムを取っています。このシステムのメリットは、ホステスたちが「自分のペースで」コツコツと頑張りやすいことです。ノルマのためによく言われる「枕営業」をしたり、無茶なことをしたりする必要がありません。ホステスたちが時間をかけて地道な努力を積み重ねていける環境を用意してあげたいのです。

チームワークでおもてなし

こういうシステムで長い目で育てていくと、先輩が後輩をフォローする女性同士のチームワークが出来上がっていき、お店全体がいい雰囲気になっていきます。二十年たってみて、私はこの「ノルマなし」のしくみが、稲葉が銀座で生き残った一つの理由だと思っています。特に今の若い人は、ホステス同士で競争させたりするよりも、チームワークを重視して仕事をする方が合っている、と痛感します。「私はまだお客様を呼べないから、ヘルプホステスとしてお姉さんホステスが忙しくて大変なときに安心してテーブルを任せてもらえるように頑張ります」「私はパソコンが得意だから、得意でない他のホステスの分も顧客管理を頑張ります」などなど。今の若い人にハングリー精神はあまり感じられませんが、皆で一緒に頑張ろうというチーム力は想像以上にあるようです。稲葉からは十人以上もの女性が独立してお店を持っているということが私の自負でもありますが、それはまさにこの「長い目で人を育てる」という方法を続けた結果だと思います。

お店のホステスが独立してしまったら、お客様を持っていかれてしまい困るのでは？とよく尋ねられますが、銀座のお客様というのは回遊魚のような行動パターンをされ、一店しか行かない、という方は少ないのです。「○○ママの店の帰りだよ」「これから○○ママの店に行くんだ、案内してよ」と稲葉出身ママたちのお店も含めて回ってくださいます。ご案内ついでに私もよそのお店でシャンパンを一杯いただいて戻ったり、そんなクラブ同士の交流もあるのです。

ノルマを設定せず、引き抜きや独立を恐れず、働くホステスたちに「愛社（店）精神」を育んでもらえるよう、じっくりと待つことがポイントです。やがては互いに協力し合って一つの強いチームとなって働いてもらえると信じて……。

稲葉のしくみは、ホステスにとってベストなものだと思っています。

クラブの料金と時間のシステム

料金は高級だが、「ムード会計」も

銀座のクラブに行ってみたい、と思ってくださった方が一番気になるのが、料金のことだと思います。あくまでも目安ですが、一人三万円～五万円が基本で、ボトルやシャンパンなどを入れればもちろんさらに上がっていきます。

なぜ「目安」でしかないのかと言いますと、銀座には「ムード会計」という言葉があります。ホステスの裁量で会計を調節することを言いますが、もちろん誰でもできるわけではなく、ママかナンバーワンクラスのホステスが、常連で信頼関係が築けているお客様に対して行うものです。

具体的な計算の方法は、例えばミネラルウォーター、おつまみ、ボトル、フルーツ等で小計いくら、その他にサービス料、ホステスチャージ、ボーイチャージ、などチャージが五つくらいあって合計いくら、となります。そしてこのチャージはホステスの裁量によって、今日は○○様は、自分がもらうホステスチャージをなしにしてあげて、などとできるのです。ですからホステスによってお会計も変わってきます。今日は接待で交際費が使えるから、すべていただきますよ、フルーツもシャンパンも出しますよ、でも今日はプライベートで来てくださって交際費は使えないから、チャージは全部外して余計な注文もなしでシンプルな〝学割〟でいいですよ、と状況によって調節するのです。そうやってお客様が来店しやすいように采配する、それがムード会計です。

ほかには、若いお客様で午後七時〜八時台など、お店がまだ混まない時間にいらして、混んで来たらサッとお立ちいただけるような場合には、やはり学割でいいですよ、となったりするわけです。ですから、今日はプライベートで来たからちょっと抑え目にしたいんだ、ということなら、いらしてすぐにホステスに耳打ちしていただければいいのです。最初に分かれば、こちらもそのように対応できます。来店するたびに派手にシャンパンを入れる必要などまったくなく、ご自分の懐の範囲で粋に振る舞っていただければ十分なのです。

銀座に長く通われる方は、そういう身の丈に合わない無理はされない方です。それを事前に何もおっしゃらずに、いざ会計となって急に値切るような方がたまにいらっしゃいますが、お店として一番困る野暮なお客様です。やはり、いつも何かと経費で落とそうとするのでなく、時に身銭を切る、経費と自腹を上手に使い分ける、そういうお金にきれいな振る舞いが粋な大人だと思います。

「オープンラスト」は野暮の極み

時間についてですが、キャバクラなどははっきりと時間制になっているのに対して銀座のクラブではそれはありません。目安としては、特に混んでいなければ一時間半〜二時間くらいと考えていただければと思いますが、基本的にはお客様に委ねられています。銀座のクラブに通う男性は状況を見て、粋な振る舞いをしていただくことが求められます。お店が混んできて入れないお客様が入り口にいらしているというときに、自分が一番長くいると感じればサッと席を立って空けてくださる、そういうことができるのが銀座のお客様です。なかには来店して三十分ほどしかたっていないのに、ぐっとやせ我慢をして立ち上がり、「ママ、この後予定が入っていたのを忘れてたよ」などとおっしゃって席を空けてくださる方までいらっしゃいます。そういう日本人らしい美学がまだ残っているのが銀座なのです。これを取材に来られた若い記者さんにお話しすると、「僕は、そんなこと絶対できないなあ」とびっくりしていました。

ある講演会の質問で、「そういう粋な振る舞いができるのは、お客さんが十人いたらそのうち何人くらいですか？」と聞かれたことがあります。「今は十人中、二人か三人です。でも六十歳代以上のお客様に限定して言えば、十人中、五人か六人はいます」とお答えしたら、「やっぱり……」と感心されました。年代によってそれくらい違うのです。年配の方はやはりとても洗練されていらっしゃいます。逆に「オープンラスト」という言葉があるのですが、これはお店の状況やホステスたちの空気を読まずに、お店のオープンからラストまで居続ける、野暮の極みを指す言葉なのです。

けれども、例えば重要な接待で話が長くなっているようなときには、お店が混んできて入れないお客様がいらしても、さすがにサッと席を立つわけにはいきません。そんなとき、銀座の粋な男性は「あーごめんね、長引いていて。ワイン一本入れてくれる？」などと、入れないお客様の分を、お店に配慮して売り上げに貢献しようとしてくださいます。そんな、状況に応じた振る舞いをしてくださるお客様の度量を前提に、お客様とお店の「お互い様」の関係の上に、銀座のクラブの料金や時間のシステムは成り立っているというわけなのです。

接待の場としてのクラブ

本気の接待は、事前の連絡が重要

銀座のクラブって実際どんなところなの？　という質問もよく受けます。クラブが存在する役割としてやはりまず第一に挙げられるのは、接待の場ということです。大事な取引先に対する本気の接待の場合、「デキる男性」は必ず事前に連絡をくださいます。どんな方を接待するのか、新規の契約なのか、長年のお付き合いなのか。私も詳しくお尋ねして事前に入念に準備をいたします。

分かりやすい例で言いますと、最近はかなり少なくなりましたが、作家の先生を接待するという場面があります。接待する側のAさんから先生のお名前を事前に伺ったら、私も当日テーブルに配置予定のホステスたちも、その先生の作品を読み込んで当日に備えます。そして「ママ紹介するよ、作家の○○先生」とご紹介いただいたら、「わあ〜○○先生！私、学生時代から先生の大ファンで、全作品読んでいます」と挨拶するのです。ホステスも「先生のあの作品の、あの部分、とっても感動して何回読んでも涙が出てきちゃうんです」と続けます。先生は「銀座の女性たち、僕のことちゃんと知ってるんだな、読んでくれてるんだな」とほっとすると同時にうれしい気持ちになり、それだけできっかけができてどんどん話が盛り上がっていく、というわけです。接待はうまくいき、Aさんにも接待の場として銀座のクラブを選んでよかった、と満足していただけるのです。

接待にマイナス発言はＮＧ

普通のビジネスマンの方のケースでも、事前にご連絡をいただいて、接待相手の会社名や扱っている商品、最近の売れ行きなどの予備知識を入れておければ、場が盛り下がるようなマイナス発言はしなくて済むのです。

逆に事前にご連絡をいただかず、一軒目からの流れでいらした接待などですと、私たちも接待のお相手がどういう方かまったく分かりません。私やベテランホステスなら、うまく探りを入れながら最初から不用意なマイナス発言をしたりせず対応することができます。でも混んでいて経験の浅いホステスがついたりしますと、うっかり失言してしまうこともあるのです。

例えば、テレビ番組の話題になって、あるホステスが「どんなテレビを見てるの？」と聞かれ、「昨日始まったあの人気俳優の出てるドラマ、あちこちですごい宣伝していたけど全然面白くなくって。来週は視聴率〇パーセントくらいになっちゃうかもしれないですね」などと言ってしまったら、相手のお客様がそのテレビ番組制作会社の方だった……ということも実際にありました。

なじみのお客様となら無難な話ばかりでは面白くないので、例えばプロ野球ファンでアンチ巨人だと前から分かっている方に対して、「昨日、巨人負けましたね、ヤッター！」とマイナス発言で逆に盛り上がる、というのはもちろんありです。でもよく分からない方がご一緒されている場合なら、「あれ嫌ね」「駄目ね」といったマイナスの話題はとにかく避けなければならないのです。

「第二秘書室」としてビジネスに貢献

また接待には、接待の組み合わせが決まっていて、年に何度もその組み合わせで一つのクラブに通ってくださるような、長期的な接待というケースもよくあります。このような長いスパンでのお付き合いというのは、銀座のクラブが得意とするところです。

例えば、A社のAさんとその他数名が、B社のBさんとその他数名を接待するパターンだとします。年に何度かその組み合わせでいらっしゃる以外に、AさんもBさんもそれぞれにときどきお店を利用してくださっている状況です。そういう決まったパターンの接待では、誰と誰が担当ホステス、と決まっているケースも多いのです。そうしますと、ホステスたちはお客様と頻繁に連絡を取るので、Aさん以上にBさんのことに詳しくなっていけるのです。そしてBさんとその他数名について得た、接待に役立つような情報を接待するAさんに提供することができます。今度お子さんが大学に入学するみたいですよ、結婚式をされるそうですよ、と分かれば、Aさんはお祝いを用意しておいて次の接待のときにBさんにお渡しし、喜んでいただけます。この間体調を崩されてお肉は食べられないようですよ、と教えて差し上げれば、Aさんは、じゃあ今度の接待の食事は和食にしようかな、と配慮できます。

男性は接待相手の男性に対してよりずっと、私たち女性に対してより気を許し、いろいろなことをお話しくださるものです。またそういうことを気安く話してくださるように親密な空気をつくっていくことは、私たちの得意とすることです。

最近ゴルフを始められたそうですよ、最近○○にはまっているみたいですよ、とこまめに最新情報をお伝えしてあげれば、Aさんはよりきめ細やかな接待ができるわけです。そんなとき、私たちホステスとお客様（Aさん）は「接待をうまく決める」「A社とB社のつながりをより強固にする」という連携プロジェクトに取り組む「同志」のような関係になるのです。そしてそれは「お互い様」の関係でもあります。お客様は「今度の接待は特に大事だから盛り上げてね、頼むね」と私たちを頼り、私たちはそれに応えて、お客様のプラスになる情報を収集して教え、接待当日は場を盛り上げ、Bさんが良い気分で過ごせるように必死で頑張ります。その代わり、Aさんはお店に通ってくださって、時にはシャンパンを入れてくださったりして、お店の売り上げに貢献してくださる。そういう長期的な視点の「お互い様」の関係は、パッと一晩かわいい子たちと盛り上がって終わり、というキャバクラのような場所では、決して築くことのできない貴重なものだと思います。

また、ビジネスのパートナーとしてお客様同士を引き合わせるということも、頻繁にあることです。例えば、新しい事業を始めるに当たり、C社のDさんとY社のZさんとを、私が仲立ちとしてお食事の場をセッティングするのです。他にも「こういう人材、どこかにいない?」とか、「事業の後継者がいないんだけど、誰かいい人知らない?」といったご相談もよくあります。

そのような銀座のクラブの機能を指して、「第二秘書室」などと呼んでくださるお客様も多いのです。

癒しの場としてのクラブ

わが家のように過ごしてほしい

クラブの役割として、接待という仕事の場であると同時に、ほっと一息つく癒しの場、わが家のような場所、というものもあります。同時に両方の機能を備えているわけです。

ここでは後者の、企業戦士として戦う男性が、素の姿になれる癒しの空間としての役割に触れたいと思います。クラブはお客様自身がくつろいでいただくことはもちろん、わが家なのですから、「俺の店に行こう」と親しい人をお連れいただくこともできる場です。ママもホステスも家族として、ホームパーティーのようにお客様が大切にしている方たちをおもてなしして喜んでいただくのです。その意味では、私はお客様にとって、ときにお母さんであり奥さんであり、ホステスたちは妹であり娘であるわけです。温かい家族のように過ごし、心身の疲れを癒して元気になっていただける場、男性が自信と誇りを取り戻すことができる場としての機能です。

せっかくのわが家なのに、そこで本気で女性を口説いてしまったら、その店はもうわが家ではなくなってしまいます。ですからそこをきちんと分かっているお客様は、口では「○○ちゃん、デートしようよ」なんて言っていても、実はうまく疑似恋愛を楽しんでいらっしゃるのです。下ネタの扱いも上手で、女性たちが不愉快になる線まで落ちる前に、パッと話を切り替えるのです。

またわが家では愚痴も言いたくなるものですが、出世する男性はダラダラと愚痴は言いません。どうしても言いたいときだけ、「ママ、今日は愚痴を聞いてくれ」と前置きしてメリハリをつけるのです。それも小さなどうしようもない愚痴ではなく、大きな愚痴です。部下にも奥様にも話せないことを、私を相手にお話しすることで、決断しているのだと思います。人事を相談されることもあります。そんな場合は、私も母親のように、ズバズバと遠慮なく意見を言います。

「マイ・フェア・レディ」的な楽しみ方も

そして男性には、まだまだ磨かれていないダイヤモンドの原石のような若い女性を、自分の力で育ててあげたいという願望が、洋の東西を問わず存在するようです。谷崎潤一郎の『痴人の愛』や渡辺淳一の『化身』、ハリウッド映画の『プリティ・ウーマン』、最近ではAKB48などなど。ここ銀座でも、田舎から出て来た素朴な女の子が、日ごとに磨かれて素敵な女性へと変身していく姿をたくさん見てきました。

「稲葉」入店当時二十歳だったヒロコちゃんは、四国出身でかわいらしい顔立ちをしているものの、田舎くささがなかなか抜けない子でした。あるとき私のお客様Sさんが、ヒロコちゃんを素敵な大人の女性に育てたいとおっしゃるので、それではとお願いいたしました。Sさんはヒロコちゃんに、日本酒のおいしさやワインの飲み方、食事のマナーなどを教えてくださり、さらに洋服やドレスも次々とプレゼントし、二年ほどでヒロコちゃんは誰もが振り返るような素敵な女性に変身を遂げたのです。その後銀座を卒業し、ブティックを経営していましたが、ここ十年ほどは音信がありませんでした。ところがつい先日、ニューヨークにいるというヒロコちゃんから連絡があり、大富豪に見初められてセレブな生活を送っている様子を報告してくれました。育ててくださったSさんとも、良い友人関係を続けているようでした。

若いホステスを娘のように見なして、その成長を見守り楽しむ、という要素は銀座のクラブでは大きくあります。まさにAKB的な楽しみ方ですね。AKBと同じで、成長する子は皆が応援するのです。例えば、シャンソン好きなお客様Aさんと初めてお話ししたBちゃんが、チンプンカンプンな様子だったとします。でも次にAさんが来店されたとき、Bちゃんが「私、この間シャンソンのCD買ってみたんです。『愛の賛歌』って、素敵なんですね！　人によって歌い方がずいぶん違ってびっくりしました」と言えば、Aさんでなくても「おっ、この子は伸びるな」と感じるのです。今度はAさんが「銀座のフレンチ、好きなお店ある？」と聞いて、「フレンチなんて全然分かりません～」と言っていたBちゃんが、次の機会に「銀座のフレンチって、本当にいっぱいあるんですね。この間、勉強のために行ってみました」と振れば、話題もどんどん膨らみ、努力している姿勢がAさんにも伝わって、「頑張ってるな、応援してやりたいな」と思わせるのです。そこで「レカンなんて今度行ってみたいんです」とBちゃんが言えば、「よし！　今度連れていってあげようか」とAさんも思わず言いたくなってしまうわけです。面白いことに男性というのは、口説こうなどと思っていなくても、その子にもっと素敵な女性になってもらいたいという思いだけで、お金を使ってくださったりするものなのです。

クラブは疑似恋愛を楽しむところ

クラブという場所が本気の恋愛の場所ではなく、疑似恋愛を楽しみ、家族的な癒しを得るところである、と心得ている方は懐が深いです。例えば、CさんがD子ちゃんからメールをたくさん受け取るようになり、そのタイミングの良さや内容のかわいらしさに、だんだんD子ちゃんが特別に気にかかるようになります。お店に通う回数も気づかないうちに増え、徐々にD子ちゃんへの想いが募ります。

でもあるとき、店内の別のテーブルで自分に対するのと同じように、別のお客様へも優しい振る舞いをするD子ちゃんの姿を目の当たりにします。そんなとき、「何だよ、こんな店。もう来るもんか！」とはならないのが、銀座のクラブのお客様なのです。そこで怒ってしまっては、キャバクラのお客様です。自分が疑似恋愛の域を超えつつあったことにハッと気づき、その熱を理性で冷まし、「そうか、D子ちゃん、ホステスとして一人前になってきたんだな。まだまだ新人だと思っていたのに、頑張っているんだな」と一歩引いた視点に立ち直せる、そういう方がクラブという場を最大限に楽しんで使える方なのです。

クラブ入門用語集

【アフター】

深夜十二時にお店がクローズした後、ホステスがお客様と一緒に出掛け、カラオケを楽しんだり寿司などをご馳走になったりすること。銀座には、ディナータイムの営業後いったん休憩して、深夜のこうした需要を見込んで再びオープンする寿司屋がたくさんある。

【売り上げホステス】

来店見込みのあるお客様をたくさん持っている、店の売り上げに直接貢献するホステス。月三〇〇万円の売り上げで日給五万円、などという契約で入店し、一カ月ごとの売り上げが三〇〇万円より多いか少ないかで日給がスライドする。契約額より少ない場合、

——多い場合以上に高率で日給が減らされる。

【売掛金】

——ツケで飲んだお客様の飲食代金のこと。二カ月以内に指定口座に入金してもらうルール。期日までに未払いの場合、担当ホステスが代わりに責任を持って入金しなくてはならない決まり。今はカードや現金で支払うお客様も多い。

【永久指名制】

——そのクラブにおける会計担当のホステスは、同じクラブの中ではずっと変わらないこと。Aさんの担当ホステスがFちゃんであれば、Aさんのお連れや紹介の方もすべてFちゃんの担当となり、彼らの飲食代金はすべてFちゃんの売り上げとして計算される。そのホステスしかテーブルについてもらえない、という意味ではない。

【個人事業主】

法的にホステスはお店の被雇用者になることはできず、あくまでも個人事業主で、お店が場所とスタッフを提供するだけの契約となる。お店に雇用者としての責任は存在しないということ。

【同伴】

お客様に夕食をご馳走になり、その後一緒にクラブへ出勤すること。午後八時半までに入店する決まり。確実な来店予約となり、一カ月に五回など、ノルマ化されているクラブが一般的。「稲葉」ではノルマではない。

【ヘルプホステス】

来店見込みのあるお客様を持っていないホステス。売り上げホステスのテーブルを手伝うことで、間接的にお店の売り上げに貢献するホステス。

スピンオフ

高校時代の思い出

私の田舎は、大分県の竹田市です。父は新聞記者、母は珠算塾を経営するという家庭で、兄は現在、精神科医です。瀧廉太郎が幼少時代を過ごした建物で生まれ育ちました。珠算塾の多数の生徒を収容するため、広さのある物件を探したところ、たまたまその建物に巡り合ったようです。母は経営と主婦業を、土日もなく働いてこなしていました。そんな家庭環境で、高校入学までは典型的な「優等生」で過ごしていましたが……。

そうです、高校では、金髪・ロングスカート・飲酒・喫煙・暴走族と、あの頃の典型的な「不良」として二年間ほど過ごしたのです。なぜグレたのか。私は音楽の先生の影響で、将来は声楽家になりたいと思っていたのです。先生に「あなたは音大へ行かせる」と見込まれ、高校は音楽に力を入れている学校に進むつもりでした。ところが当時は高校でも学区制度が厳しく、最終的に諦めることに。仕方なく地元の高校に進学したものの完全に自分を持てあましてしまい、そこに遅い反抗期も重なったのでしょう。たまたま昔の友人に不良の子がいたことをきっかけに、あっという間の仲間入りでした。

髪を脱色して金髪にしたのですが、両親は、それまで私があまりに真面目だったせいかグレているとさえ気づかず、「そういうのが流行っているのかな」くらいの認識で、何も言わないのです。他校の不良仲間は、たまり場でよくシンナーを吸っていましたが、私は「シンナーはおいしくないので、お酒飲んでていいですか」と先輩に言い、日本酒を飲んでいました。不良仲間でも誰もお酒は飲めず、シンナーよりかえって尊敬されてしまいましたが、今思えばこの頃からお酒の素質があったのでしょうね。

でも当然、父は新聞記者で常に警察と連携を取っているわけですからいろいろ言われるようになり、近所の人からも話が伝わり、遅まきながら両親も実情を知ることになります。父からは勘当を言い渡され、絶交状態に。そんなある日、私が部屋でタバコを吸いながら日本酒を飲んでいると、突然、母が何と一升瓶とつまみを手に持ってやって来て、「今日はお母さんと話をしようよ」と私にぐいぐいお酌をするのです。そして酔いつぶれた私に「あなた将来どうするの?」と聞くのです。私は泣きながら、「お母さん、私もっと勉強して東京の大学に行きたい!」とつい本音が出てしまいました。すると母は「分かった。お母さんもお父さんを説得してあげるから」と言うではありませんか。完全に母の作戦勝ちでした。

ちょうど不良仲間で居場所がなくなりつつあった時期で、「お前は自分たちとは違う。お酒が強くて面白いし、今は一緒に遊んであげるけど、いずれはまともな世界に戻れ」というような扱いを受けるようになっていたのです。昔は不良といっても、そんな人情味のある集団でした。シンナーを吸って歯がボロボロだった不良仲間も、今は地元で建設業や飲食店をやっており時々会います。帰省中に、地元のお店で飲んでいるときにやって来た後輩が「白坂さん、高校のときグレてましたよね〜」とつぶやくと、その店のママに「高校時代にグレるくらいのことがないと、銀座でママなんてできないよね〜」と言われてしまいました。

先日もある方に、「若いときに世間から白い目で見られる経験をすると、人間として強いですよ」と言われました。褒められたものではありませんが、確かに「世間体」といった類いのものからはとても自由になれたと、今になって思います。まわりに何を言われても、信じた道を突っ走ることができるようになるのです。この二年間の不良時代は、私にとって大事な糧となりました。

CHAPTER 2

「女子力」と営業

前章をお読みいただいて、銀座のクラブというものを具体的にイメージしていただけたでしょうか。次は、そのクラブで貴方《あなた》をお待ちする、煌《きら》びやかなホステスたちの実像についてです。

彼女たちがその笑顔の裏で、どんな涙ぐましい努力をして銀座の街で生き抜いているのか。そして生き残ることができるホステスが、その過程でどれほど地道でコツコツとした努力を重ね、どのような生き抜く力を身につけていくのかについて、お話ししたいと思います。

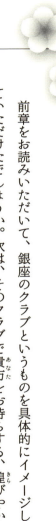

昼間は地道な営業努力

プロになったら決して「来て」とは言わない

アルバイトの一ホステスから経営者へ、山あり谷ありの日々の中、私が長年続けていた営業努力について、具体的に触れたいと思います。

まず意外に思うかもしれませんが、プロのホステスはお客様に「お店に来てください」という言い方はしません。「来て来て！」などと言うのはごく若いうちだけです。「今日来てくれる？」とか「明日はどうですか？」というダイレクトな言葉は口にしてはいけないという美学のようなものがあります。

プロフェッショナルになったら決して「来て」とは言わず、でも上手にプレッシャーをかけていくのです。「来て」と言って来ていただいたら、お客様も「来てやったんだ」という感じになってしまい、ホステスと対等な関係ではなくなってしまいます。あくまでもお客様の方から、自分の意志で来てくださる、というのが長続きの一つの秘訣です。そしてお客様の方も自分から飲みに来た、という方が絶対に楽しいと思います。

では具体的に何をするのかというと、とにかく定期的にコツコツとメールを送ります。前日に来店してくださったお客様にお礼のメールを送るのはもちろんですが、そうでないお客様にも送るのです。お客様にもよりますが、一日三回ほど送る方もいます。返事を期待してのものではまったくありません。

でも返事などなくても、チラッとでも見ていてくださるものです。「今日は久しぶりにスポーツクラブに来たんです」とか、「週末は温泉へ出掛けました」とか、文通のような内容です。タイミングも重要です。電車通勤の方なら通勤途中に読めるタイミングに、営業職の方なら夕方の五時過ぎに送るなど、あの手この手です。

例えば、あるとき「稲葉」のホステス、Mちゃんのお客様Sさんが一カ月近い海外出張に行かれると分かったときのこと。プロ意識の高いMちゃんは「Sさんに一カ月近くもお会いできないなんて～」と涙ぐみつつ、「それでお帰りは何日ですか？　飛行機は？　JALですか、ANAですか」としっかり必要情報を抑えるのです。最近は、インターネットで各フライトの遅れなど、細かい飛行情報がリアルタイムで分かります。今まさにSさんの飛行機が成田空港に着く、というタイミングでMちゃんは「S様、お帰りなさい。長期出張お疲れ様でした……」とメールを送るのです。携帯電話の電源を入れた途端、目に飛び込んできたこのメールに癒されたSさん、スーツケースをガラガラと引きながら銀座へ直行して来てくださり、私も驚いたものでした。お客様の予測を一歩超えたサービスというものは、こんなにも心をつかむものなのです。

ちなみに、私が日本橋のクラブにいた頃は、もちろん携帯電話やメールなどない時代です。その頃の営業方法は、まず会社への電話、それに手紙、贈り物をお届けする、などでした。電話は、当然お忙しい時間帯などはご迷惑ですから、出勤直後や夕方五時過ぎなど、お客様が都合のよい時間を教えてくださったり、秘書の方と仲良くなって状況を教えていただいたりしました。また、売掛金の回収で直接集金に伺うことも珍しくなかったので、そのついでに菓子折りを持って会社の受付に伺うことも多かったです。営業活動も今と比べてはるかに手間暇が掛かりました。

継続はチカラなり

お客様との付き合い方というのはホステスによってさまざまです。少数の大口のお客様だけをつかまえるタイプのホステスもいます。私は逆で、多くのいろいろなお客様に来ていただくタイプです。そうすると、年に一度くらいしか銀座で飲まないお客様もいらっしゃいます。たとえ年に一度でも、営業メールを頑張っていれば「今日は久しぶりに銀座に来たなあ。じゃあ一番メールを送ってくれるあの人のところに行こう」となるのです。パッとその方の頭に浮かぶように、常に常に連絡はめげずにひたすら続けます。

こういうことを今の若い子にさせると、たいてい三日坊主、せいぜい一カ月くらいしかできません。こんな単純な「誰にでも簡単にできるようなこと」なのに、何カ月も何年も何十年もやり続けるとなると、不思議と「なかなかできないこと」になってしまうのです。このような努力は私だけでなく、銀座で生き残っているトップホステスたちは皆することです。このようにホステスというのは、昼間は本当に地味なのです。

昼の地味さと夜の華やかさ、両方ないと続きません。そしてそのような地道な努力をお客様はよく見ていらして、評価してくださるんですね。

私は大学二年生でホステスを始めたときは、田舎者でしたし、会話なんてまるで駄目でした。でも、日々コツコツと続ける努力が大切なのだと分かり、それなら自分に向いている、頑張っていける！　と思ったのです。

幹から枝を増やすことが大切

ホステスの評価は、あくまで毎月の売り上げで決まります。ですから、ポケットマネーでいらっしゃる五人くらいのお客様だけをしっかりつかまえて、じっくりお付き合いする方法でもいいのです。でもこれは人数が少ない分、ある意味とても負担は大きいのです。ほぼ毎日一緒に夕飯を食べたり、必ず週末にはゴルフに行ったりと、かなり生活に食い込んだ親密なお付き合いになります。私は家庭もありますし、そういう方法は難しいので、広く浅く長く、いろいろなお客様とお付き合いします。

このようにホステスの売り上げの方法はそれぞれの個性で違うので、「今月は余裕でナンバーワンかな」と思っていると、ライバルホステスの大口のお客様が一夜で数百万をパッと使ったことで、あっという間に順位が入れ替わる、などということも珍しくありません。

そして稲葉のお客様は、私の日本橋時代から、会社の交際費でいらっしゃるビジネスマンの方々がメインです。そういう方は接待のお相手など、お連れも多いのです。

常連の方を「幹」さん、お連れの方を「枝」さん、と木に例えて表現しますと、一人でいらっしゃるお金持ちよりも、大勢でいらっしゃって交際費を使うお客様のほうが「枝」をたくさんお持ちだという傾向があります。「幹」さんが海外赴任となり急に来ることができなくなれば、その「枝」さんに新しい「幹」さんになっていただくこともできます。そんなふうにお客様とどうお付き合いして、どう増やしていくか、頭をひねりにひねって、一人一人自分に一番向いた方法で考えていくのです。そして「デキる」ホステスは、一本の枝の取りこぼしもしません。

新規のお客様の開拓も、オーナーママである私がお店のホステスの誰よりも力を入れています。だから私はパッと浮かぶだけで千人くらいのお客様がいますし、毎年出す年賀状は二万通くらいになります。

就寝がどんなに遅くても朝七時には起きて、膨大な数のメールや手紙を書くのです。また、前日に初めて名刺をいただいた方の情報をパソコンに取り込み、そのときのシチュエーションも記入し、カテゴリーも分類します。こうしておくと、一度しかお会いしたことがなく記憶が曖昧な方が、急にお客様として来店してくださったときなどに、さっと検索できてとても有効なのです。

そのような一ホステスとしての仕事以外に、前日の売り上げチェック、ホステスの人数調整などのオーナーとしての仕事や、さらには時事ネタのチェックに講演内容の原稿書き……、と、夕方お店に向かうまで、本当に地味な作業がえんえんと続くのです。

嵐が過ぎるのをじっと耐えることも必要

そんなふうに地味な努力をコツコツ続けても、景気の大きな波には抗《あらが》えません。例えば、リーマン・ショックのときも、何日も誰もいらっしゃらない、という時期がありました。

そんなときどうあがくのか？　次章で詳しくお話ししますが、ちょうど私はリーマン・ショックの頃に、ＧＳＫ（一般社団法人銀座社交料飲協会）の理事を務めていた関係で「銀座ミツバチプロジェクト」というものに関わり始めました。銀座のビルの屋上で養蜂をし、街の緑化活動もするボランティア的な活動です。

そこでリーマン・ショックでなかなかお店にいらっしゃれなくなったお客様に、クラブの話はせずに、ミツバチの話をメールで送ってみたのです。すると興味を持って返信をくださる方がいらっしゃいました。私が「エコプロダクツ展（エコプロ）」という環境に関するイベントで講演をしたときには、お店のお客様方が「お店にはちょっと今は行けないけど」とおっしゃって聞きに来てくださり、会場のあちこちに見知った顔が、などということもありました。とにかくつらい時期でも、諦めてしまってお客様と連絡が途絶えてしまうことだけは避けなくてはいけません。

お客様の状況を考え、たわいもない和む話で連絡だけは保ち、嵐が過ぎるのを待つ、そういう方法も大切だと思います。

華やかな時間の営業努力

前節では、ホステスたちの「昼間の地道な努力」について触れました。ここでは「華やかな時間の努力」です。昼の間すっぴんでひたすら地味〜な努力をしているホステスたちが、頭からつま先までドレスアップして、開店時間を待ちます。第一陣で入られたお客様は、横一列にズラリと立ち並んだホステス一同の華やかな「いらっしゃいませ」の声と輝く笑顔に迎え入れられ、非日常の空間へと足を踏み入れます。私がホステスを採用する第一の基準は「笑顔の美しさ」です。それほどの美人でなくても笑顔の美しい女性は、人の心を素直にさせる力があるのです。そして、まずホステスたちが備えていなくてはならない大切な力は、「女子力」です。

おもてなしに必須の「女子力」

私の考える「女子力」は、この「笑顔」を含めて七つの要素があります。

① 笑顔
② 聞き上手
③ マイナス発言をしない
④ 褒め上手

⑤　褒められ上手

⑥　よく覚える

⑦　思いやり

②の「聞き上手」は、この後の「聞き上手になるための話題の仕込み」の項で触れます。③の「マイナス発言をしない」は、1章の「接待の場としてのクラブ」に出て来ました。ここでは、④以下について触れていきます。

まず④の「褒め上手」ですが、誰しも褒められればうれしいものですが、真の褒め上手になることはそう簡単なことではありません。頭を使わずやみくもに褒めようとしても、結果的にただおだてているだけ、ということになりがちなのです。銀座のクラブのお客様は頭の良い方ばかりですから、通り一遍のお世辞など、すぐ見抜かれ辟易されてしまいます。

初対面のお客様でしたら、素直に感じたことを口にしてみます。例えば「とても響きのある素敵なお声ですね。歌もきっとお上手でしょうね」。すると「実は学生時代から趣味でオペラを歌ってるんだ」という答えが返ってくるかもしれません。そうすれば、「お聴きしてみたいです！　次の舞台はいつですか？」と会話が展開していきます。また例えば「素敵なネクタイですね」と褒めると「ネクタイしか褒めるところがないってことか！」などと、ふて腐れることもあるかもしれません。でも気にせずに、「いつもご自分で選ぶのですか？　センスが良いんですね。シャツとの色のコーディネートもバッチリですね」と鋭く観察した上で具体的に褒めていくのです。そこから例えば「実はこれ、昔の彼女にプレゼントされた思い出のネクタイなんだよね」と話題が深まっていくこともあるのです。

大切なのは、それがお世辞ではなく真実が表現されていること。そしてそのためには鋭い観察力を磨くことが必須です。つまりは、相手に対して心からの「関心」を持つことこそが、上手に褒める秘訣なのです。

親しいお客様なら、無難に褒めてばかりでは面白くありません。「あれ？　何だかいつもとネクタイの趣味が変わっていませんか？　今日のは女性からのプレゼントでしょう。新しい彼女ができたんですか？」と突っ込んだ会話もします。相手に関心を持って観察した上で、正直に感じたことを誠意を持って伝える、そして相手への愛情を持って気持ちを込めて伝えることが大切です。褒められたことでお客様の顔がほころび、心を開いてくだされば、会話はおのずと盛り上がります。褒め上手になることは、コミュニケーション能力を高めることでもあるのです。

次に⑤の「褒められ上手」。まず大切なのが、お客様に褒めていただいたときには、否定をせず「感謝」をし、素直に喜びを表現することです。自分では思ってもいないようなことを褒められたからといって、それをむやみに否定してしまうということは、お客様をウソつき呼ばわりしてしまうことになりかねないのです。「それは事実ではありません、あなたは本当のことを言っていません」と表明することになってしまい、せっかく褒めてくださったお客様の気持ちを台無しにするだけなのです。

でも「ありがとうございます」「うれしいです」だけで終わってしまうのは、まだまだ普通のホステスです。「ちょっと痩せたのかな？　きれいになったね」と言われれば、「ありがとうございます！　Aさんの好みのタイプになれるように、ダイエットを頑張ってるんです！」。「今日のピンク色のドレス、似合ってるね」とくれば「うれしいです！　Bさんがこの間、明るい色が似合いそうとおっしゃってくださったから新調しました」と、お客様がドキッとしたり、もっと応援してあげよう、と思ってくださるような一歩踏み込んだ言葉を返せるようになれば、ホステスとして一人前です。

そして⑥の「よく覚える」。話題の中で出てきたお客様についての情報を、きちんと記憶するようにします。どこの出身なのか、趣味は何なのか……。そして二回目、三回目にお会いしてまた関連する話になったときに、すかさず覚えていることを言葉にして伝えるのです。するとお客様は「僕の趣味までちゃんと覚えてくれてるんだな」と感激し、話題が膨らんで会話がどんどんはずんでいきます。覚えることで、人の心をつかむことができるのです。

最後の⑦「思いやり」ですが、単に優しく接すればいいというわけではありません。私も、時にはお客様であっても、少々行儀の悪い方には「礼儀」を示唆したり、アドバイスをすることもあります。それは、そのお客様に対する思いやりと愛情から湧き出るものなのです。

店ではIQ500でフル回転

さて、お店の中でホステスたちは、そのような女子力を発揮してお客様をおもてなししてさえいれば、それで一流ホステスたりえるのでしょうか？　いえいえ、ホステスはそんなに甘い仕事ではありません。私はホステスたちに、「お店ではたった三時間の間でいいから、頭をフル回転させてIQ500でいてね！」とよく言います。クラブのホステスというのは、お店の中で、対価を求めない「おもてなし」と、対価をきっちり求める「サービス」との両方を同時に行っているのです。

お客様の横でひたすらニコニコして、楽しい会話をしているだけでは「おもてなし」としてはOKでも、商売としては成り立ちません。料金システムのところで説明しました通り、銀座の場合、座って三万円~五万円ですが、決まっているのはそれだけです。ここから先は、今日はプライベートだからボトルは入れないほうがいいかな、接待だからボトルを二本くらい入れようかな、シャンパンを入れてもらおうかな、などと頭を使い計算していくのです。お客様の顔色を見て、あ、今日はどんどんボトルついでいいんだな、今日は空けてほしくないんだな、などと的確に判断していく必要があります。

でも最初はボトルを空けてほしくなさそうでも、簡単にめげてしまってはプロではありません。お客様を楽しませて自分から空けたくなるようにするのが、私たちの仕事です。お客様というのは話が盛り上がって楽しくなってくると、「あれ？　今日飲んでないじゃない！」などと言ってくださるものです。そうしたら「いいんですか、飲んで？　じゃ、これ空けちゃおう！」となるわけです。

例えば、プライベートで高校の同級生を連れて来たんだ、というお客様でしたらとりあえず自腹なので、今日はボトルも勧めたりしないでおこう、と思って席が始まります。それがお話ししているうちに、お連れの方が「僕、今日銀座デビューなんだ！」とちょっとノリノリな感じと気づけば、すかさず「じゃあ記念にシャンパン飲みませんか？」と声を掛けるのです。すると「あー、僕、銀座でドンペリ開けるのが夢だったんだ！」なんて乗ってきてくれるかもしれないのです。あからさまに「シャンパン飲みたーい」なんてワンパターンなことを言うのではなく、相手の気持ちを推し量りながら、頭をくるくると回転させて状況を見極めていくのです。

そしてこれが一席だけではありません。あっちの席も、こっちの席も同時に状況を見ながら、今日このお店の売り上げをどう組み立てるのか、次にどうつなげるのか、お酒を飲みつつ頭をフル回転させるのです。これは実は相当に頭の消耗する作業で、ある意味、酔ってテンションが上がった勢いだからこそできる部分もあるかもしれません。

聞き上手になるための話題の仕込み

そしてお客様を楽しませるためには、話題の仕込みということがとても重要です。それぞれ得意分野・苦手分野はありますので、最低五個、できれば十個くらいの得意分野を、お客様との共通点を探しながらつくっておかなくてはなりません。

私の場合、ワインや音楽、レストランなどの話題は得意ですが、スポーツやブランド品の話題は苦手な方です。それでも毎日相当量の情報は入れておきます。朝起きたらテレビはつけっぱなしにし、美容院では新聞や雑誌を熟読するのではなく、とにかくめくっていきます。面白そうなポイントだけは「へーっ」と読んで数字を覚えておきます。いくら苦手分野でも、お客様に「イチローすごいね！」と言われて「何の話ですか？」では銀座のホステスは務まりません。「ほんと、三〇〇〇本すごいですね！」くらいは返せないと話になりません。

そしてさらに重要なポイントが、話題をたくさん仕込んだといっても、その知識をただ単にひけらかすことに使ってはホステスとしてはまったくの失格だということ。飛び交う話題をきちんと理解し、タイミングよくふさわしい相づちを打ち、会話が途切れることなく気持ちよくお喋りしていただく。つまり聞き上手になるために、たくさんの知識を入れる。これが女子力の一つである「聞き上手」なのです。

でもそのお客様が、自分の苦手な分野が特に好きだと分かれば、適材適所で別のホステスを配置する方法も一つです。例えば「素敵なブローチですね」と振って、「これヴィトンの限定品なんだ」と返ってくれば、このお客様はブランド品の話がお好きなんだな、となります。そしてある程度、他の話題も振ってみた上で、この方はブランドの話をしているときが一番楽しそうだわ、と判断すれば、ブランドに詳しいホステスをピッと呼ぶのです。そうするともういきなり、「あ〜！　それ、ヴィトンの世界に五十個しかない限定品ですね！」なんて言われて、お客様もうれしくてたまらなくなる、というわけです。

この例のように、それぞれの席に誰を配置するか、というのも非常に重要なポイントです。「今日はパーッと飲みたいんだ！」といらっしゃれば元気な若い子を配置し、「同僚が亡くなっちゃってさ。静かに飲みたいよ」とおっしゃれば、ベテランの落ち着いた女性をつけたりします。

でも「パーッと飲むよ」とおっしゃっていたお客様が、どうも様子がおかしいということもあります。「あれ、言ってる割に元気がないな。そういえば、この前新規の契約を取るって言ってたのに、その話をしないな、おかしいな」と思って様子をうかがっていると、その契約は取れていなくて今日はヤケ酒なんだ、と気づいたりするのです。そうしたらさりげなく、そのあたりの心を汲み取れるような女の子を配置します。そんなふうに、表面的な言葉だけでなく、相手の心の奥を深く読み込む作業も、欠かせないことなのです。

求められるのはトータルな人間力

枕営業で通用するほど甘くない

世間ではいまだに、「夜の銀座＝枕営業」などというステレオタイプな発想をする方もいらっしゃるようです。でも考えてもみてください。売れっ子のホステスなら、コンスタントに来店してくださるお客様だけでも二〇〇人ほど、それはつまり二〇〇人の疑似恋愛の彼氏がいるようなものなのです。枕営業なんて無理だと思いませんか？　枕営業というのは、ノルマに苦しんで一時的にそうなってしまうホステスがいるだけの話で、すぐに淘汰されます。そんなやり方で長く銀座にいることなど不可能で、プロの正統派のホステスにはとうていなれず、ただの徒花で終わってしまうのです。

もちろん人間ですから、恋愛になるということはあるでしょう。でも、「どのくらいの確率でそうなるんですか？」と質問されたら、「宝くじに当たるくらいの確率です」とお答えしています。

「常連さんになるかストーカーになるか」もホステスの腕次第

ホステスというものが、どれだけ頭を使う仕事かということは、ここまででかなりお分かりいただけたかと思います。でもまだあるのです。もちろんお客様にはお店に来ていただきたいですし、クラブは擬似恋愛を楽しむ場でもありますが、それがエスカレートしてお客様をストーカーのようにしてしまうことは、一番避けなくてはならない要注意ポイントなのです。そのためにホステスは、ものすごく知恵を絞っているのです。

銀座のお客様は基本的には皆さん粋な遊び方をご存じなので、本気で口説いてくることはあまりなく、上手に疑似恋愛を楽しんでいらっしゃいます。でもやはり時々、ブレーキが利かなくなる方もいらっしゃいます。お客様に口説かれてしまったとき、それをどうさばくか、どうかわすか。これを身につけずにこの世界で生きていくことはできません。

私が若い頃など、「ストーカー」という言葉さえありませんでしたが、今から思えば相当なストーカーがたくさんいたものです。お店のラストまでいたお客様が同じ方向だからとタクシーで送ってくださることは珍しくないので、自宅のだいたいの場所は分かってしまうのです。それがある日曜日に近所の公園を歩いていたら、見知った顔の方がなぜかいたり、家の前に大きな花束が置いてあったり。でも距離感をうまく取り、やんわりやんわりと遠ざけてあげれば、それほど大事にはならないのです。

「今近くに来てるんだけど、お茶しない？」と言われれば、「ごめんね、今日は田舎からお母さんが来てて」と、相手を傷つけないウソで上手に断ればいいのです。タクシーで送っていただき、降りようとしたときにいきなりギュ――ッと抱きしめられても、バシッと跳ね除けてしまわずに、「ハイハイ、またね」と受け止めつつかわしてあげる。エスカレートしてしまった男性の感情をズバッと断ち切るのではなく、上手にコントロールすべきなのです。

恋愛感情から応援に、そして尊敬へ

そしてお客様からのそういう好意を、長く上手にかわしながらつなげていくと、「恋愛感情」が「応援」に変わっていくものなのです。「俺の女にしたい」から「この子、頑張ってるな。すごいな、応援しなきゃ」という気持ちに徐々に変化させて、最終的に「尊敬してるよ」というところまで持っていければ、もう大丈夫です。

「僕ね、○○ちゃんのこと尊敬してるんだ。この子のことずっと口説いていたけどね、駄目だった！　片思いなんだよ」という言葉をお客様にいただけたら、もう一人前です。お店に来ていただきつつ、深い関係にはならないようにする。銀座のホステスなら、お客様をそこまで育てられるようにならなくては一流とは言えないのです。

私のお店にも、そういうことがうまくできず、お客様をストーカーにしてしまい、つらくなって辞めてしまったホステスもいました。そのお客様は、会社のお金を使い込んでお店に通っていたのです。「この人、そんなに頻繁にお店に来ることのできる財力が本当にあるのかな？」とこちらが見抜いてあげないと、そういう悲劇も引き起こしてしまうのです。

ホステスというものが、厳しい競争にさらされながら、こんなふうにトータルでの人間力や女子力を身につけつつ、生き抜いていくのだということが、お分かりいただけたでしょうか。

このような力を身につけた女性たちは、外見だけでなく内面からもその魅力が浮きでてきます。その魅力が世の男性たちを癒し、新しいエネルギーを与えることができるのです。このことは、決してホステスという特殊な職業の女性だけでなく、すべての女性に共通することではないでしょうか。

スピンオフ

酒豪

高校時代のエピソードですでに明らかですが、私はとにかくお酒が好きです。お客様でも自分よりお酒の強い方にお会いしたことはありません。新人ホステスに求められる大切な要素は、話術に長けているか、お酒が強いことです。私は完全に後者。最初のお店でも一番会話がヘタなのが田舎育ちの私でしたが、お酒では誰にも負けませんでした。とにかくいくらでも飲めるので、お客様たちにも面白がられ、「すごいね、こっちにおいでよ!」などと言っていただいているうちに、少しずつ話術の方も追いついていった次第です。

でも酔っぱらって恥をさらした経験も数知れず、です。ある夜など、自宅に帰り着いてそのまま倒れ込んだと思いきや、朝起きてみるとそこは一つ階下の部屋でした。偶然、ご主人がお酒を飲んで夜中に帰るような場合、カギを掛けないというお宅だったのです。夜中に帰宅したご主人は、居間に転がっている私を奥様の友達と思い、そのままにしてくださったのでした。

日本橋のお店を辞めたきっかけの一つも、お酒の飲み過ぎで膵炎になったことです。医師にも「一〇〇パーセントのアルコール度数のお酒を二トン飲まないと、こうはならない」と呆れられました。

今振り返ると、よくお客様方は私に付き合ってくださったなあ、本当にひどかったなあと反省の気持ちもあります。若い頃、私は酔うと走りたくなるクセがありました。アフターでお客様と飲んだ後によく、突然「走ろう！」と叫び、中央通りを銀座八丁目から二丁目くらいまで、距離にして四〇〇メートルほどをダッシュするのです。自分なりにお客様に口説かれないように、そうやって防御していた面もあったのだと思います。後から私を追い掛けてヘトヘトになったお客様は、もう私を口説こうなどというエネルギーは残っていないというわけです。

でもこのお酒の強さは決してひどい話ばかりではなく、お客様の役に立った場面もあったのです。あるとき、「稲葉」でロシアからのビジネスマンの接待がありました。事前に一人一本のウォッカを用意するように言われ、当日接待が盛り上がってくると、ロシア人のお客様三人と、接待する日本人のお客様二人との飲み比べになったのです。もちろんロシア勢が優位で日本勢はフラフラになりながらも頑張ります。周囲のお客様から「頑張れニッポン」コールが飛び交い、見かねて立ち上がった私が参戦。あっという間にロシア勢は白旗を揚げてダウンです。お店中から「よく頑張った！」と称賛の嵐でした。もちろんこのときは丸二日間、二日酔いのままでした。

また二十年ほど前のあるときは、中国に進出していた会社の社長さんから、「天津の会社のお披露目パーティーに、地元の市長や名士もたくさんいらっしゃるから、私の秘書役で一緒に来て」と頼まれました。なぜ私が？ と不思議でしたが、中国への興味からお引き受けしました。部下の方に「いろいろな方が社長に挨拶に来るので、横に立っていてください」と言われてパーティーがスタート。私がご指名を受けた理由は、すぐに判明しました。中国の挨拶は一気飲みです。社長は実は酒豪であるにもかかわらず、「僕は下戸なので秘書が代わりに」とニッコリ挨拶し、私がすべてのお客様と一気飲みするハメになったのです。そのお酒は当時の中国では最高級の白酒でしたが、途中から味も分からなくなり、記憶もなくし、当然ながら翌日の観光はキャンセルになりました。

CHAPTER 3

ビジネスとしてのクラブ経営

四店舗のオーナー経営者として、営業・財務・人事とすべてを取り仕切らなくてはならない日々。銀座のクラブの平均寿命は六カ月とも言われます。そして、ITバブル、リーマン・ショック、東日本大震災と、日本の景気の浮き沈みにどこよりも敏感に反応するのが銀座の飲食業界です。

この章では「やり続ける意志と覚悟」で乗り切ってきた二十年間で得た、経営者としての知恵をお話しします。

銀行に法人口座をつくる

ホステスにとってのメジャーリーグは銀座だ！

学生時代にアルバイトから入り雇われママとなった日本橋のクラブには、七年以上勤めました。ホステスを始めてすぐに、いずれ経営者になろうと決め、オーナー夫妻もそのつもりで私を厳しく育ててくださっていました。そして私が二代目として経営を譲っていただくことも約束していたのです。バブルが崩壊してもその店は活気があり、むしろそのおかげで銀座より安いからとさらに人気が出て、お客様が二回転三回転するような賑わいだったのです。

ですがそんな賑わいとは裏腹に、このままここでママを続けることに疑問が湧きつつありました。ホステスとしてもママとしても成長し、スタッフも着実に育っていき、お店は順風満帆。このまま経営を引き継げば安泰で、やがて結婚し子どもを持ちつつ、仕事を続けるという希望も叶えられる。でも……。そのもやもやしたものの答えは、「もっともっと挑戦したい」という気持ちでした。そう気づいてオーナーに相談するも受け入れてもらえずに、半年が過ぎた頃、ストレスで声が出なくなりました。さらに飲み過ぎもたたりアルコール性膵炎になり、それをきっかけに日本橋のお店を辞める決意をしました。挑戦したい、という気持ちが叶わないストレスが、その体調不良の遠因だったのかもしれません。

半年ほどの休養中に、阪神・淡路大震災が起き、友人知人たちが被災しました。人生何が起きるか分からない、若いうちにやりたいことはどんどん挑戦しなくては、と焦燥感に駆られます。そして同じ頃テレビを見ていると、プロ野球の野茂英雄投手がメジャーリーグに挑戦し、ロサンゼルス・ドジャースと契約する会見が目に飛び込んできました。「人生は挑戦です」――。野茂投手の言葉が、私の背中をドン！と押しました。「ホステスにとってのメジャーリーグと言えば銀座だ！」と一念発起。銀座へ行こう、と決めました。

銀座に自分のお店を

手始めに、売り上げノルマ無しのヘルプホステスとして銀座のクラブに入店し、銀座のシステムを把握しようと思いました。結果としては、すぐに日本橋時代のお客様が続々と来店してくださり、あっという間にそのお店のナンバーワンに。初めての銀座で一年ほど働くなかで、銀座のホステスたちのノルマ達成の厳しさや売掛金回収の困難さを目の当たりにしました。日本橋時代のお客様から、「銀座だから仕方ないけど、お会計高いね」と不満の声も耳にします。すでにあちこちのクラブからスカウトの声をいただいていましたが、やはり自分のお店を出そう、という気持ちが固まっていきます。

日本橋時代からの貯蓄と両親から借りたお金を合わせ、何とか開店資金は集まりました。開店に当たっては、銀行から資金を借りる必要はなかったのです。ただ当時はバブル崩壊直後で、企業の交際費も見直しになり、お客様方からクラブも法人でないと困ると言われ始めた走りの頃でした。

クラブも法人化の時代

昔はホステスの個人口座にお客様から売掛金を振り込んでいただいていましたが、それは確かに不正を働きやすいのです。今はクラブも法人化しているお店が多く、銀行も慣れていますが、二十年前はそれがほとんどなく、水商売であるクラブの取引銀行になってくれるところがなかなか見つからず、本当に苦労しました。

私のお客様は交際費でいらっしゃるビジネスマンがメインですから、どうしても取引銀行を見つけなくてはなりません。しかも、都市銀行を取引銀行とした法人にしなくては困ると言われるのです。

水商売・女性経営者では相手にされない

早稲田大学の同窓生で銀行で働いている友人も多かったので、つてをたどり何軒も何軒も足を棒にして回りました。それでも何人もの都市銀行の方に、女で二十代で水商売のクラブをやっている会社の取引銀行になんて絶対なれないよ、と言われました。

会社をつくるのってこんなに大変なんだと、初めて思い知らされた日々でした。当時はまだ、今のように決算書をコンピューターが読んでここまで融資ＯＫと算出するのではなく、お金を貸すのも取り引きを決めるのも、面談で人を見て決めている時代でした。

あまりに断られることの連続で、もうお店のオープン時には個人事業主でとりあえず始め、途中で法人に切り替えるしかないか、と諦めかけていた頃でした。先輩のつてでやっとたどったA銀行を訪ね、生意気にも「他の方ではなく支店長さんに会わせてください」とお願いしたところ、現れた支店長のBさんはおおらかな様子の方で、「いいよ、どうぞ」と支店長室に通してくださいました。

そして三十分ほどお話しすると、Bさんは女性スタッフを呼び、「口座を開いてあげて」と言ってくださったのです。慌てた副支店長さんたちは「まずいですよ、水商売と取り引きした実績をつくっちゃ駄目ですよ」とずいぶん食い下がっていましたが、Bさんは「いいじゃないか、有楽町にある銀行なんだから、水商売の人ともお取り引きしましょうよ」と彼らの反対を振り切ってくださったのです。

オープン直前、ぎりぎりのことでした。Bさんは後に出世されており、うれしく思ったものです。これが私の経営者として銀行とお付き合いする第一歩となりました。A銀行に資本金一〇〇〇万円を預け、法人としての口座があるという証明書を出してもらい、法人化が完了、「稲葉」オープンの準備が整ったのです。

紆余曲折はあるものの経営は順調に

クラブ「稲葉」のオープン

晴れて一九九六年四月、二十九歳のときに、銀座五丁目に「稲葉」をオープンさせました。ホステスたちに厳しいノルマを課すことなく、お客様に高額すぎるお会計もいただかない、そして経営も成り立って「三方よし」、という心づもりでした。でもこのとき私は近江商人の言葉である「三方よし」の意味を、とても狭い視野で勘違いしていたのです。後にヤマト運輸の小倉昌男さんにその本当の意味を教えていただくことになりますが、そんな理想を掲げて稲葉はスタートしました。稲葉というのは私の故郷、大分県竹田市を流れる川の名前です。銀座を第二の故郷と思い、しっかりと根を張って生きていくのだ、という決意を込めて名づけました。

オープンから三カ月間、二十代で銀座に自分のお店を持つということが当時は珍しく、雑誌やテレビなどから注目を浴びて取材も多く受け、私は意気揚々とした気分の毎日でした。うれしい悲鳴ですが、お店は多くのお客様であふれて入りきれず、銀座で出会った新しいお客様には「こんなに混んでいては接待では使えないし、五丁目は遠いよ」と言われてしまいます。クラブというのは新橋寄りの八丁目に集中しており、メインはせいぜい七丁目・六丁目までなのです。そんなとき、七丁目に良い物件が出たのです。華やかな並木通りを少し入った地下のお店。しかも同時に、取引銀行が担保付きで融資をしてくれるというのです。日本橋時代に自分の思うようにさせてもらえなかったときの抑圧が、ここでパッと弾けてしまった面もあったのでしょう。とにかくこれは挑戦するしかない、と突き進み、四月のオープンからたった三カ月後の七月、二軒目をオープンさせたのです。こちらはお会計を銀座のクラブらしい料金に設定しました。

出る杭は打たれ

ところが、です。ここで私は男性の心の怖さを味わいます。一軒目のうちは応援してくださっていたお客様の中から、二軒目となった途端に「生意気だ！　もう行かない」「何で二軒もやらなきゃならないんだ。経営者気取りか」という声が上がり始めたのです。

意外なお客様がそういう反応をされたこともあり、私はかなりショックを受けてしまいました。あるお客様には、こんなことまで言われたのです。「女の細腕で頑張っていると思えばこそ、応援してきたんだ。銀座でクラブを二軒持つなんていうのは、もう女の仕事じゃない。ビジネスだ。ビジネスは男の土俵だよ。同じ土俵に上がってきた女を応援することはできないよ」。

ついこの間まで優しく応援してくれていた男性の、仕事に対する嫉妬心の深さや、想定を超えた行動をすると途端に愛憎がひっくり返り、「俺が今まで育ててやったのに」となってしまう怖さ、いろいろと肌で学びました。今でこそ、そんなふうに冷静に振り返れますが、当時まだ若かった私には、「自分のやりたいことを追求しているだけなのに、どうして？」と、相当にこたえるものがありました。

とにかく両方のお店にお客様が徐々に来なくなってしまったのです。二店舗それぞれにママを置いて店を任せ、私はオーナーママとして両方を行ったり来たりしたのですが、お客様にしてみれば、「どっちのお店に行けば亜紀ちゃんがいるんだ」という分かりにくさもあったかと思います。私としては、自分が日本橋でしていただいたように、ママとしての人材を育てたいという意向だったのですが、このときは失敗でした。景気の悪化も重なり、まさに閑古鳥が鳴く状態でした。さらに私が自分の人生設計として「お店をオープンさせたら結婚して出産しよう」と結婚に気持ちが向き始めていたことが、言わずともお客様たちに伝わったのだと思います。

あの時期を振り返ると、なぜ大胆にも二軒目を出してしまったのか、若気の至りとはいえ、ゾーッと背筋が寒くなります。あるお客様からは、「石橋をたたいて渡るという言葉があるけど、君なんて、橋も渡さないで川をぴょーんと飛び越えたよね」と呆れられてしまいました。あまりに勢いづいて前に突き進むのも大問題だと、心から反省しました。

ITバブルが追い風に

オープンの翌年に結婚すると、ますますお客様がサーッと引き潮のように離れていきました。一軒目をオープンした当初からすると、半分近い売り上げになっていました。それでも優秀なホステスがそろってきて何とか続けていましたが、結婚後すぐに妊娠してしまい、切迫早産で入院を余儀なくされたこともあり、妊娠中は五丁目店をいったん閉める決断をしました。出産後に、今度はカラオケもある少しカジュアルなお店として改めてオープンさせました。

そういう二つの路線にしたことで、お客様方も、五丁目がエコノミー、七丁目がビジネスクラスだね、と徐々に納得して使い分けてくださるようになりました。何と言っても、私が結婚して子どもがいても、そんなことは気にしないでくださる貴重なお客様を幹として、枝を増やしていくことに必死で努めていきました。家庭を持ったことで、お客様にNOと言わないことをモットーとしていた方針も改め、朝までのアフターや急なゴルフのお供は辞退することにしました。代わりに、お店のゴルフコンペやボウリング大会を開催して、お客様やスタッフとコミュニケーションを取れる機会をつくるようにしたのです。

そして次女を産んだ二〇〇〇年には、ITバブルの高値が付き、経営は順調そのものとなりました。さらに二〇〇三年に新たな挑戦として、三軒目となる「Bar66」もオープンさせます。マスターは大学の同級生で、生まれ年の一九六六年から名づけました。そして66なので、夜の六時から朝の六時まで営業することに。その頃の景気がどれだけ良かったかというと、お店がチーママやホステスのお客様であふれてしまい、私は仕方がないので自分のお客様を連れて外のお店で飲みながら席が空くのを待っている、というほどでした。そんな店主たちが銀座のあちこちにいるような状況だったのです。

経営は順調だけれど……

そんな頃、お客様のZさんと、稲葉のチーママ二人と一緒にゴルフをしているとき、Zさんがこうおっしゃいました。

「亜紀ちゃん、今、人生で一番いいときだね。お店を三軒やって、チーママが頑張ってくれて、結婚して子どももいて、人生最高だね。悠々自適で人生楽しんだらいいよ」と――。

確かに客観的に見ても、今私が振り返っても、お店の経営という意味ではこの時が「最高の時」でした。でもそんな有り難い言葉を受けた私が、Zさんのおっしゃる通りに「本当に最高だわ、大満足！」という満たされた気持ちでいたかというと、実際はまったくその逆でした。むしろ私は「ハーッ…」とため息をついていたのです。何かを達成して満たされてしまうと、逆に心にポッカリ穴が開いたように感じてしまう、次へ次へと気持ちが急いでしまう、私にはどうしてもそういう気質があるようでした。

人材育成と資金管理

経営者としてママを育てる

営業努力的な面は、日本橋の雇われママ時代からそう変わらないものですが、まったく異なってくるのが、経営者として人を育てること、そしてお金の管理や工面についてです。これについては、雇われている立場とオーナーの立場とでは、もう住む星が違うくらいの開きがあります。二十年経営してそれが身に染みて分かっているので、「起業したいと思ってるんですが」などという相談を若い方から受けると私はまず一度は反対します。「無理だよ、大変だよ」と。

私はメインのクラブ「稲葉」以外にも「ラウンジ稲葉」、料理屋の「穂の花」、「Ｂａｒ66」と四軒の経営に加え、家庭もありますから、それぞれのお店のママや店長に相当な範囲を任せています。そうしないと四軒を自由に回ることもできません。そして任せるために、ありとあらゆることを教えます。本来は男性スタッフの仕事である掃除やグラスの洗い方も、ママになりたてのときは一から一通り教えます。会計、仕入れ、ホステスの面接と何でもできるようにしていき、さらには人材育成をしたり、チームをまとめたりできるリーダーとしても育てていくのです。相撲でも横綱は強さだけではなく品格が求められるように、クラブのママも売り上げが多いだけでは十分ではなく、スタッフと信頼関係を築き、まとめ上げる統率力や人格が必須だと考えてきました。その結果、稲葉からは二十年の間に十数人も独立を果たし、これは銀座でもなかなかないことだと自負しています。

クラブも一〇〇年企業に

稲葉の経営が順調になった頃に浮かんだのが「一〇〇年企業」という言葉です。オーナーママのクラブというのは、ママと共にお客様も歳を取られ、一代で終わるのが普通です。でもそれはとてももったいないことではないか、とホステスになった頃から感じていました。何十年もの歳月をかけて育てたせっかくのお店を、企業のように継続させることはできないものか。そういう考えから、私は自分が現役のうちから、お店のホステスの中から自分より若い「ママ」を選び育て、どんどん任せていったのです。

現在、私のお客様は六十代の方が中心で、引退される方も多くなりました。でも任せた若いママのおかげで、稲葉に来店されるお客様は四十代、五十代の方がたくさんいらっしゃいます。常に若いママに任せていくことで、稲葉のお客様はスムーズに世代交代し続けていくのです。

スタッフはプロを雇うより素人を育てる

そんなにすべて任せて、お金の管理など心配ないのか、と思われるかもしれませんが、もちろんそうならないようなしくみを取っています。普通のお店では、お客様の来店については伝票管理のみです。でも伝票のみだと、「このお客様は来なかったことにしよう」としてしまうことも可能です。稲葉では、伝票はもちろんですが、「来客名簿」を作って管理しています。何時に〇〇さん何名、とすべてチーフの男性が書いていくので、伝票とダブルチェックになり、ごまかしようがないのです。

チーフやボーイなど男性スタッフの採用については、私の場合ですが、ホステスと同様に敢えて素人を雇って一から育てるようにしています。素人の男性に出納帳の付け方から教え、なぜ左と右があるのかということをマスターするまでに一年はかかります。昔は慣れた人を採用したこともありましたが、そういう人に限ってこっそりボトルを横流ししたりと、失敗が多かったのです。やはりベテランの男性には悪いたくらみをする人もいるものです。

税務調査で褒められる

私は母が珠算塾を経営していたおかげで珠算も一級まで取ったので、数字には比較的強いのです。稲葉には、一回だけ税務調査が入りましたが、その後はまったく来ません。調査官が帳面を見てびっくりしていました。「美しいですね」と。もちろん字がきれいという意味ではなく、常日ごろ出納帳を見ているような方は、パッと見たときに、きちんと管理されていて不正がないということがすぐに分かるのでしょう。

男性チーフを育てるときはまず始めに、一人で来たらだいたい幾らくらい、四人ならこれくらい、と伝票を毎日見て数字のイメージを頭に入れるように言っています。金庫のお金についても、万が一なくなったら管理者であるチーフが責任を取るようにし、「自分が責任を取れる金額だけを金庫に残してください。それ以外は事務所の方に戻してください」と指示しています。そのため金庫には、最低限の金額しか置いていません。

その資金移動もチーフが責任を取ることになっています。任されているから、一円でも間違えないよう皆必死です。お金の管理について、ごまかされた、持ち逃げされたといった話をときどき聞きますが、私のお店では一回も間違いは起きていません。

ボーイの若い男性については、昔は近くの大学の学生さんを、後輩をずっと紹介してもらうつながりでアルバイトとして雇っていました。大学生なら数字はできますし、その頃は大学二年生くらいでも十分接客もできていて、とても優秀でした。でもある時期からまったくそれができなくなり、若い人のコミュニケーション能力の低下を痛烈に感じたものです。それでしばらく大学生を雇うのはやめていましたが、なかなかいい人材が見つからず、最近は私の母校・早稲田大学の学生さんを雇っています。お客様は若い学生さんが好きなのです。自分の大学の後輩である場合などは、なおさらかわいがってくださいます。

お客様も育てるもの

お客様の良し悪しの判断は身を持って経験するしかない

二十代で銀座にお店を持った当初は、日本橋での雇われママの経験が多少は生きたものの、オーナー夫妻に守られている部分が大きかったことに気づかされる日々でもありました。店舗を借りる不動産屋さんも、仕入れでお世話になる酒屋さんも、「こんな若いママいないんだから、絶対足元を見られるから、気をつけなさい」と危なっかしい私を心配してくれました。

経営者としてお客様を見る目は、一朝一夕に身につくものではありません。私を甘く見たお客様も当然いて、最初の頃は「未払い」もたくさんありました。未払いのまま消えてしまった人も、かなりの数います。例えば、未払いがそれなりにたまっているAさんが平気な顔で「おう!」と来店したらどうしたらいいのか? そういうことも場数を踏んで一つ一つ学んでいきました。

銀座のクラブですから、他のお客様の前で恥をかかせるわけにはいかないので、その場で払ってくださいとは言えません。別の方法で、例えばお店が空いているのに狭い席にご案内したり、入り口近くの席にしたり、タイプではないホステスをつけたり、やんわりと邪険にしたりと、あの手この手と態度で伝え、Aさんが来店しづらくなるように仕向けていくのです。

そのとき大事なのは、やはりお店が繁盛していること。忙しければ、良くないお客様を邪険にすることもできるのです。ホステスだけがずらっと暇そうに待機している状態では、邪険にしたくてもできません。他のお客様に忙しくしてAさんに構わなければ、「ちぇっ!」とか言いながら帰り、そのうち来なくなります。

「稲葉」にふさわしくない方はお断り

あるとき、いつも紳士的なお客様からこんな苦言もありました。「稲葉は楽しいけれど、銀座らしからぬ飲み方をする人もいるね」と。ハッとしました。クラブにいらっしゃる質の良いお客様は、常に他のお客様の様子を観察しながら、お店全体の調和を意識してくださっているのです。それからは、酔って大騒ぎする方、ホステスを罵倒したり触ったりする方など、稲葉にふさわしくないお客様は入店をお断りするようにしました。

また中には、ツケを払うからホテルまで来て一晩付き合え、などというお客様もいました。週末に一緒に温泉に行かないと二度とお店には行かない、という脅しのような要求もありましたが、こうした理不尽な申し出はきっぱりとお断りします。また同伴出勤の場合は、午後八時半までに入店するというルールがあるのに、ホステスを強引に引き留めて毎回十時近くになる方、お会計を毎回極端に値切ってくる方など、そうした無理な要求をする方の話は一切聞かないようにしています。

時には体を張って店を守ることも

お客様と取っ組み合いのけんかをすることもありました。あるときBさんが、まだ夜の九時半か十時頃なのに、ホステスを外に連れ出そうとしたのです。「アフター」といってホステスと食事に行くのは普通のことなのですが、あくまでも営業終了後のこと。「それは困ります、まだ営業中ですので」と言うと、「何だよ、俺この女が気に入ったからデートするんだよ!」と言うので、「決まりですから、それは困ります」ときっぱりお断りしました。すると「客にそんな生意気な口を利くのか! 女給のクセに!」と怒鳴り始めたのでこれはもう駄目だと判断し、「もう結構です。今日のお会計もいりませんので、お店にはいらっしゃらないでください」ときっぱりと返しました。その途端「何を——!!」と叫んで私のことを殴ったので、私も殴り返したのです。チーフの男性はもう固まっていましたね。

でもBさんがいなくなった後、他のお客様も、「いいよいいよ、あんな客は断ったほうがいいよ」と言ってくださいましたし、そういう態度を見せると、このママは若いのに毅然と質の悪い客は断れるんだ、と他のお客様に対しての信用にもなるのです。そんな作業をしながら、徐々に徐々に、良いお客様だけに仕上げていく。これは大変ですが、とても重要な作業なのです。ちなみに良いお客様の三大要素は、「太く堅くて長い人」。たくさんお金を使って〝太く〟、支払いはきっちり〝堅く〟、そして、五年十年とお店に通ってくださる〝長い〟お客様です。

お店が暇なときは、つい誰でもいいから来てほしくもなりますが、そこは妥協はせず、目先の利益だけを求めないよう、自分を律しました。そうやって我慢を続けた結果、良い〝幹さん〟からは良い〝枝さん〟が増えていき、店の雰囲気を乱す方はいなくなり、売上げも伸びていきました。この「客筋を良くする」という作業に、四、五年は費やしたと思います。

今は未払いなど、一〇〇パーセントありません。ただ、客筋を保つ努力は常に続けないと、あっという間にお店の質が落ちてしまうので、油断は禁物です。

いわゆるヤクザの「みかじめ料」的なものも、今の銀座は街全体でそういうものを淘汰したのですが、お店をオープンしたばかりの頃はまだ少しだけありました。営業時間にそういう方が来ても、入り口のところでとどめて、絶対に中に入れてはいけません。断れずヤクザに占拠されてしまうようなお店も昔はありました。私は入り口で「あ、そんなのあるんですか〜?」と、とぼけておいて、飲食店の組合にすぐ連絡をします。もしヤクザが来たら、すぐに組合に連絡をくれ、と言われており、組合が警察に連絡を取り、警察が直ちにヤクザに対応してくれるのです。銀座というのは、街ぐるみで治安を守ろうという気持ちが強い、本当に安心で安全ないい街だと思います。

若いホステスをどう育てるか①

ハングリー精神は死語?

世の中の中小企業の社長さんたちはどなたも、若い社員たちをどう教育するかについて頭を悩ませていらっしゃるかと思いますが、銀座のクラブの経営者も同じです。

まず自分の若い頃と、今の若い人との、育った時代やそれに基づく気質の違いが大きくありまず。私の若い頃のホステスたちは皆ハングリーで、すぐに売り上げには結びつかないようなちょっとしたことでも、飛びついてチャンスをうかがったものでした。

例えば、自分の担当ではないお姉さんホステスのお客様から、ゴルフに誘われたとします。ゴルフにお付き合いしたからといって、そのお客様の担当にしてもらえるわけではありません。でもそういうお付き合いをマメに重ねておくと、ある日突然そのお姉さんホステスが結婚するので辞めます、となったとき、そのお客様がフリーになり、二番目に親しかった自分が担当になれるかもしれません。

また例えば、お店が終わるときにお客様が「カラオケ行こう〜!」とおっしゃれば、私なら必ずお付き合いしました。でも今の若いホステスは、「いいです、帰ります〜」なのです。でもそうやってアフターに行って盛り上がっているうちに「あそこのお寿司屋さん、おいしいですよ」「よし! じゃあ今度行くかー!!」となったりして、そんなふうに私たちは同伴を「つくって」いったものでした。でも行かなければ同伴をつくるチャンスが一つ減るわけです。

ホステス同士が銀座の路上でけんかしているなんていうのも、昔はよくある光景でした。

ホステスAちゃんが、Bちゃんのお客様Cさんとこっそりどこかで仲良くなっておいて、今のお店を辞め、他のお店に移った上で、Cさんを自分のお客様にしてしまうのです。Aちゃんが Cさんと歩いて新しいお店に向かう途中でBちゃんと鉢合わせして、「あっ‼」となるわけです。「最近Cさんがお店に来ないと思ったら、そういうことだったのね！取ったわね！　泥棒猫！」とBちゃんが怒り出し、間に立ったCさんは、オロオロして「違うんだ！」と大慌てです。取ったのは確かですが、ちゃんとルールに則っているのです。

そんな野心の塊のような、「家を建てるのが目標」「外車が欲しい」などというエネルギッシュな子がたくさんいたものです。

「ゆとり世代」の若者操縦術

でも今の銀座でそんなことはあり得ません。今の若い人たちはとにかくガツガツしている感じはイヤ、競争や人より抜きんでようという類いのことを、感覚的に嫌います。やはり「ゆとり世代」だからでしょうか。ゆとり世代は「さとり世代」とも言うようですが、そういう野心などまったくない若い子たちのモチベーションをどう上げていくのか？　今の若い子は、「お金のために頑張ろうよ！」と言うと、「えー、今のお給料で十分です」となってしまいます。本当に、決して多くないお給料で、しかもその中から堅実に貯金までしているのが今の若いホステスなのです。

ところが人のためになるとか、世の中のためになる、そういう言葉なら彼女たちにはとてもよく響くようなのです。「仕事のやりがいって何だと思う？　Dちゃんのお客様の社長さん、いつもDちゃんが頑張って楽しませてあげるから、ニコニコしてご機嫌で帰るよね。あの社長さんが元気になったら、あの会社が元気になるよね。あんなすごい大きな会社が元気になったら、日本がもっともっと元気になるよね。だからあなたが毎日、日本を元気にするために銀座で一生懸命お仕事してるのよ」と分かりやすく説明してあげると、Dちゃんも笑いながらも、まんざらでもなく受け止めてくれたりするのです。

今の子は想像力が弱いので、自分のしていることがこんなふうに連鎖している、ということを話すと、意外にもよく聞いてくれるのです。そういう具体的な言葉と、娘に対するようなねぎらいの言葉が効果的です。「よく勉強してきたのね」「Eさん、また来てくれたわね。Fちゃんのおかげね、ありがとう」など、とにかく細かく分かりやすく評価を伝え、わが子を育てるように接しています。

頑張ったら「プラス」の加点方式が稲葉流

それから最近の若い子たちは、お金にガツガツしない分、お金が足りないと思えば食事代を節約することさえあるのです。ですからゴルフやカラオケの誘いには乗らなくても、アフターがお寿司などの食事であれば行くのです。とても現実的です。銀座のクラブはどこでも月に一回程度はミーティングを行いますが、そのミーティングの食事を豪華なものにするようにしたら、出席率が格段に上がり、「なるほど」と思いました。

一般のクラブでは出席しなければペナルティーですが、「稲葉」ではペナルティーはなしで、出席すれば時給も発生させています。とにかく極力ペナルティーはなしにして、頑張ったらプラス、というのが稲葉流です。そしてそのミーティングには、皆に質問を用意してきてもらいます。「こういうときにこうしたら、お客様が怒って帰ってしまったけれど、なぜですか？」など、なるべく具体的に質問してもらいます。想像力の欠如ゆえに、お客様がなぜ怒ったのかさえ分からないことがあるんですね。そこで私がそれに対して具体的に、「お客様がこうでああでこうだったんだよね」と手取り足取り分かりやすく解説してあげます。でもそうやって相手の気持ちを推し量る部分を教えることで、若いホステスの接客態度がかなり変化してきました。

そして稲葉では、「ＩＮＢ総選挙」というイベントを時々開催します。期間を二週間と決め、同伴何点、シャンパン何点、とポイント制で総合得点を競うのです。ノルマやペナルティーといった、「強制」や「マイナス」ではなく、すべて「プラス」の加点方式が大事です。マイナスは一切ないので悲壮感がなく、皆かなり燃えてくれます。これは任せているママのアイデアで始めたことです。どうしても私の発想では、過去の成功体験に頼ってしまいがちです。失敗してもいいので、若い新しいアイデアを常に取り入れて、お店を活性化するようにしています。

お客様もお気に入りの女の子を上位にしたくて、出張先から「今日は行けなくなっちゃったけど、シャンパン一本入れておいて！」と電話投票が入ったり、盛り上がっていきます。そして思いがけず好成績が取れたり、途中経過を見て「君、ＩＮＢいい感じなんだって？　僕も応援してあげるよ！」などと意外なお客様から言っていただけたりして、それをきっかけに急に伸び始めたり、ＯＬと兼業だったホステスが専業に切り替えたりと、いい効果があるのです。やはり分かりやすく評価されることは今の子にとってもうれしいことですし、自分のファンを増やす作業は女性にとって楽しいというのは、私たちの若い頃と一緒ですね。でも今の子の特徴として、そういうときでも「お店のために頑張ります！」という言い方をするのです。私としては、お店のためでなくていいから、自分のために頑張りなさい、と思うのですが、それはあまり響かないようです。私も「お店のためにＩＮＢ頑張ってくれてありがとうね。これからもよろしくね」と感謝の気持ちを伝えると、また頑張ってくれるのです。

彼女たちの心の琴線に響くことはどんなことなのか、どう伝えれば一番分かりやすいのか、いつもいつもそれを考え続けています。

若いホステスをどう育てるか②

叱って伸びる子がいなくなった

前節で最近の若いホステスたちの気質や、彼女らにどうモチベーションを持たせていくか、というお話をしましたが、もう一つ大事なポイントがあります。今の若い人は、叱って伸びる人はいない、ということです。少なくとも私はもう何年も、一切叱っていません。七、八年くらい前でしょうか。こんな出来事がありました。

ある日、お客様のAさんがお店からお帰りになるときのことです。お客様の手荷物を管理する黒服から渡されたAさんの鞄を、B子ちゃんがお返ししそびれたのです。Aさんは自分で気づいて電話をくださり、今どこどこのバーで飲んでいると言うので、「すぐ届けに参ります」と申し上げました。でも「いやいや、もう帰るから取りに行くよ」とおっしゃって、お店までいらしてくださったのです。お店の前で鞄をお渡しして、B子ちゃんにも「申し訳ありませんでした」と謝らせ、お見送りを終えて私がお店に入ろうとしたときでした。B子ちゃんが一緒にお見送りしたC子ちゃんに向かって笑いながら、「持って行かなくて済んでラッキーだったね」と言っているのです。それで私は仕方なく注意しました。

「ちょっと待って。お客様が気づいて来てくださったからよかったものの、あの中に絶対なくせないものや、貴重品が入っていたかもしれないんですよ。そういう物をもし気づかないでお店に置いたままにしてなくなってしまったら、あなた責任取れますか？　お客様の荷物をお預かりするって、そういうことなんですよ。それを気づいて来てくださったからってヘラヘラと喜んでいるなんて、事の重大さが分かっていないんじゃないですか。もっと緊張感を持って預かって、二度と渡し忘れたりしないで」。

褒めて育てるに徹する

私としてはそんなに厳しく叱ったつもりはなく、ごく当たり前の注意をしたつもりだったのですが、B子ちゃんはしゅーん、としてしまいました。そしてそれ以降、出勤したB

子ちゃんに「おはよう」と声を掛けると、その瞬間、ブルブルブルッ、と震えるようになってしまったのです！　私も「ええっ!?」と驚いてしまいました。しかも、少し叱るとそういう反応をするホステスが他にも何人か続いたのです。

それでとうとう私も、これは駄目だ、こうなってしまうともう何も耳に入らなくなってしまう、こういう言い方では通じないのだ、と思い至りました。ゆとり教育の世代になり、学校でも家でも「叱らず、競わせず、褒めて伸ばしましょう」という方針で育った人たちが増えてきたからでしょうか。

個人的には、競わせるということもある程度必要だと思います。最近、元々就職の場面で有利だった体育会系のスポーツマンが、ますます企業では人気になっており、営業のような職種以外でも好んで採用されるそうです。競うということにも、上下関係の中で怒られることにも慣れているからでしょう。採用する側も、頭脳明晰な学生を採用したのに、一度叱っただけで辞められてしまっては困りますよね。

とにかく私はそれ以来、叱る、怒るはもう無意味だと悟り、ホステスたちは褒めて育てることに徹しています。

「男性を立てる」は男女平等に反している？

それからもう一つ、今の若い子は男女平等が当たり前で育ってきているので、「男性を立てる」という意識がなさすぎる、という点が挙げられます。前章でお話しした「女子力」が男女平等教育の弊害として、非常に今、低下しているというわけです。それがホステスになったときに第一の壁となるケースがあるのです。日本語には、「大和撫子」という、ドラマのタイトルにもなった美しい言葉がありますね。撫子の花言葉は、可憐・清楚・純愛です。でもそれだけでなく、真逆のようにも思える、勇気・勇敢・野心・大胆という意味もあるのです。日本の女性は本来、可憐さをまといながら、その内面にしなやかな強さを秘めていたものです。ところが最近では、強さというものを「秘める」どころか鎧か盾のように表に強く出してしまう女性が増えています。

ホステスに限らず一般社会でも、そこでちょっと同僚の男性を立てておけばいいのに、という場面でそれができずに、職場がギスギスしてしまうということが多くなっていないでしょうか。その点を友人に指摘されて「就職する前に一度ホステスでも体験してみたら？」と言われ、社会勉強のために「稲葉」に入店してきた有名国立大学の女の子がいました。高学歴な上に美人で、就職先も三年時で早々に決まっていました。それがテーブルに着いてお客様と会話を始めると、バンバンお客様に議論を吹っかけてしまうのです。

稲葉のお客様は寛容な方ばかりなので、逆に笑ってしまって、「君ね、もうちょっと言い方を考えないと、会社に入ったらすぐつぶされちゃうよ」とか、「そういう言い方で男をカチンとさせたら、すごく損だよ。学生ならそれでいいけど、社会人になったらちゃんと男性上司を立てなさい」と優しく教えてくださっていました。

それでも最初の頃は「何で男性を立てなきゃいけないんですか？」などと言っていました。でも私もその都度教えていき、大学卒業間際にお店を辞める頃には、「こういう言い方をすると男の人はムッとして口もきいてくれないのに、ちょっとニコッとすると、すごく優しくしてくれるんですね。ここで学んでよかったです」と感謝してくれました。

彼女は男性に対して、「素敵ですね」「頼りになります」「お願い」といったセリフがちゃんと言えるようになりましたね。学校で長年あまりにも男女平等一辺倒で教育するので、男性に対して「お願い」と言うと媚びることになると思い、そういうことは言ってはいけない、と思い込んでいる女性がかなり多いようです。

男性というのは基本的に女性の役に立とうと思っているもので、女性にお願いされるのが大好きな生き物なのに、そういうことは学校では教わらないのです。「お願いしてもいいですか？」「ありがとうございます。いつも頼りにしています」と言えば、たいていの男性は喜んで動いてくれるものなのに、もったいない話です。

私が子どもの頃は、九州の田舎という土地柄もありましたが、小さな頃からそういうことをさまざまな場面で叩き込まれたものです。小学校で誰も立候補しないから、私が立候補して「級長」になったことがありました。それを家に帰って親に報告したら、「あなた女でしょ！　級長じゃなくて副級長でしょ！」と怒られたのです。男女は確かに平等ではあるべきですが、「平等」は「同じ」ではないのです。男女の違いが明確にあり、それぞれが担うと世の中がうまくいく「役割」というものは歴然としてあると思います。

順風満帆に見えたかの経営に暗雲が

無担保融資で一億円を借りる

ITバブルの頃、すべてが順調な私は、「人生最高だね」と言われながらも、それに満たされず、心はもやもやと次に何をしたいのかと自問自答する日々でした。そんなときでした。私の心の空洞を見透かされたかのように、料理屋をやらないか、というお話が舞い込んで来たのです。

それは道場六三郎さんのお弟子さんが新しく料理屋を始めたいので、一緒にやってくれないか、という話でした。私は三軒のお店を順調に営んでいたものの、借金も多少あり余裕のある状況とは言えませんでしたし、料理屋というこれまでとは異なる分野へ足を踏み入れることへの躊躇もありました。それで、一軒丸々出すお金はないのですが、という話をしていた頃、ある朝ビジネス誌を開くと、「社長さん助けます」と書かれたB銀行の融資商品の記事がパッと目に飛び込んできたのです。今思い返すと、その後の私の大きな苦労の始まった瞬間でした。

さっそくその銀行にお話を聞きに行くと、あっさりと「無担保で融資しますよ」と言うではありませんか。私はその数年前、事務所のマンションを購入する際に、C銀行で苦労していました。「女の社長は駄目です。ましてや水商売で、あなたの人物評価はゼロですから」と冷たく言われて、マンションの購入資金を借りることができなかった経験がありましたから、びっくりしました。B銀行の方に、「水商売ですよ、女ですよ、いいんですか？」と言うと、「そんなの古いですよ。コンピューターが全部読むんですから、決算書を持って来てください」と逆に笑われました。

決算書を持参すると、Aランクの評価で、五〇〇〇万円までいくらでも貸します、返済してくれたらまたその分を貸します、という融資商品を借りることができたのです。その後、C銀行とD銀行でも同じようなタイプの商品で借りることができ、合計で一億円くらい借りてしまいました。

そこで私はまた大きな勘違いをしてしまったのです。「水商売の評価が上がったんだ、昔とは違って世の中でちゃんと認められてきたんだ」とおめでたくも喜んでしまいました。

リーマン・ショックの予兆

でも実情は全然違います。単にＩＴバブルで世の中にお金がジャブジャブと余っていて、銀行が誰でもいいから借りてくれる人を闇雲に探していただけだったんですね。いい気になってしまった私は、居抜きではなく内装設計からきちんとしてかなりのお金を掛け、二〇〇三年に料理屋「銀座きくち」をオープンさせたのです。この料理屋は、その後の私にとって大きな負担となり続けるのですが、当時はそんなことになるとは思いも寄りません。

初めの数年に限っては順調でした。この頃のことを「プチバブル」と表現する人もいますが、なぜプチバブルで終わるかと言えば、もちろん二〇〇八年九月のリーマン・ショックです。その前の二年くらいは、近距離ではタクシーを乗車拒否されたりするほど景気のいい時期でした。

そして二〇〇八年の夏、忘れもしません。この年はゲリラ豪雨の始まりで夕方から土砂降りの日ばかりでした。一気にお店の売り上げが落ち、それは豪雨のせいだとばかり思っていましたが、実は豪雨の陰で、リーマン・ショックに向かって景気がじわじわと落ちていたところだったのです。絵に描いたような嵐の始まりでした。その頃私はワインに熱中していて、仕入れも兼ねて毎年フランスへ旅行に行き、ワイン農場を回っていたのです。でもその年はフランスでも車が水に埋もれてしまうような大雨で観光すらできず、すっかり暗い気持ちで帰国したのを覚えています。

そしてそんな私を待ち受けていたのが、B銀行の担当者の「ちょっとお話が……」という言葉でした。

貸し剥がしに遭い絶体絶命に

リーマン・ショックが直撃

私の帰国を待ち構えていたかのように連絡をしてきたB銀行の担当者の言葉に、私は青ざめました。料理屋を始めるに当たって借りたあの融資商品について、「悪いけれどこの商品はなくなったから、すぐに返済してください」と冷淡に言い放ったのです。

間を置かずC銀行からも同じことを言われ、私はいわゆる「貸し剥がし」の只中に突き落とされたのでした。そしてその数日後の二〇〇八年九月十五日、リーマン・ショックのニュースが世界中を駆け巡りました。ところが、灰色の不穏な空気に包囲されているにもかかわらず、銀座の真ん中では奇妙な活気が年末まで続いたのです。

ビジネスマンというのは一年の予算が年初に決まっているという事情があるので、景気が悪くなった途端にお店にいらっしゃらなくなる、ということにはならないのです。お客様たちは、この先いったいどうなるんだ？　という不安を打ち消すかのように、無謀な飲み方を続けて執行猶予のような期間を過ごされたため、十二月末までの売り上げは高止まりでした。でも案の定、年が明けた途端、ピタっと来ない。今振り返っても、あの恐ろしい空気にはゾッとします。銀座の街がシーンとしていて、それまでの喧騒が嘘のような重苦しさに街中が包まれたのでした。

二〇〇九年

二〇〇九年、という文字を見ると、今でも胸がギューッと苦しくなります。七丁目店のママはちょうどリーマン・ショックが始まった二〇〇八年九月に他店に引き抜かれてしまい、本来新たなママを決めるところですが、こんな状況で任命するのもあまりに気の毒なので、私自身が務める覚悟を決めました。そんな折も折、今度は五丁目店のママが、「稲葉」を卒業し独立したいと言ってきたのです。こんな状況で独立だなんて、人気者のママに去られては五丁目店はつぶれるかもしれない、と危機感におびえると同時に、彼女もこんなタイミングで、本当にやっていけるのだろうか？　最悪、共倒れになるのでは……と、不安しかありませんでした。それでも、私自身が独立を決めたときの気持ちが思い出されました。本人が決心したときこそ、一番のチャンス。快く彼女を送り出すことに決め、その春、また一つ稲葉の卒業生のお店が銀座にオープンしたのでした。

とはいうものの、三月くらいから周辺のお店がつぶれはじめ、現役ママに戻った私はせっせと営業に励みますが、お客様の反応はなし。電話をしても「ごめんね、そのうち行くから」。そうこうするうちに電話にも出ていただけなくなりました。人気ママが去った五丁目店はまったくお客様がいらっしゃらなくなりました。このままつぶれてしまうのか？　でも私にとっては、一番最初に開店した大事なお店です。何かいい方法はないかと模索するなかで思いついたのが音楽のお店でした。私は子どもの頃から歌が好きで、一時はプロになりたいと夢見たこともありました。お店を始めてからも趣味でシャンソンを習い歌っていました。その歌の仲間たちに手伝ってもらい、五丁目店を音楽を楽しむ「ラウンジ稲葉」として再スタートすることにしたのです。最初は客寄せパンダとして私も毎日歌っていましたが、そのうち歌手兼ホステスが多数揃い、土曜日の営業にも力を入れ、少しずつお店は軌道に乗っていきます。

それでも七丁目店は相変わらずでした。バブル時代にデビューした私は、頑張れば頑張るほど結果が出る、という成功体験ばかりでした。でも今回は、どんなに頑張っても結果が出ない。頭が混乱していき「これまでのやり方が間違っていたのか？」と悩み、ついにこのときはベテランホステスに対して、同伴出勤をノルマにしてしまったのです。当然、急な締めつけにスタッフは戸惑うばかり。日給の高いホステスには稲葉を辞めてもらい他のクラブに引き取ってもらったり、混迷した私は稲葉らしさを自らつぶしてしまい、和やかだったお店の雰囲気は一変してしまいました。この頃の自分を思い出すと、どうしてノルマを与えたりリストラまでしてしまったのか、なぜもっと皆で知恵を出し合って頑張れなかったのか、とほぞをかむ思いです。

「貸します」から「返せ返せ」に

さらに、私のところにはC銀行が即時全額返済を迫ってきました。「貸します、貸します」が「返せ、返せ」に――。多くの中小企業の経営者たち、とりわけ狙われた飲食店の経営者たちのほとんどが、手のひら返しとはまさにこのことだ、と恐れつつもあきれ果てたことでしょう。

C銀行の担当者を「金利はきちんと払っています」とはね返すと、すぐに別の担当者に代わり「返せ、返せ」と毎日事務所に押し掛けるようになり、地獄が始まりました。その担当者はありとあらゆる言い方で私を追いつめてきました。「あなた、銀座のママでしょ。男をだますのなんて、朝飯前でしょ。どっかの金持ちからお金せしめて来てよ」。自分のことなら何を言われようと流していましたが、ついにこんなことまで口にしたのです。

「あなた、お嬢さんが二人いますよね。いいお金になりますよ」と。まさにドラマに出てくるヤミ金融のヤクザそのものですが、現実の、しかも銀行員のセリフです。

さすがに私もこのセリフには参ってしまい、途方に暮れました。負けちゃいけない、とギリギリのところで踏ん張っていました。当時、子どもがまだ小さかったので、大分から出て来てもらった母と同居していたのですが、女のカンというのはすごいものです。母に「あなた何かおかしい、隠さないで言いなさい」と気づかれてしまったのです。仕方なく事情を話すと、母はその日のうちに黙って大分に飛んで帰り、再び東京に戻って来たときには、何と一五〇〇万円を用意してくれていました。頼んでもいないのに、大分の親戚中を、頭を下げながら回っていたのです。

母のおかげで危機は脱したが……

私が「ホステスを本業にする」と決めたときもそうでしたが、本当にその行動力とバイタリティー、そして愛情の深さには、わが母ながら脱帽です。母親ならば、誰でも子どもの危機を目の当たりにすれば何とか助けたいと思うでしょうが、だからといって現実にお金を用意できるかどうかはまた別の話です。いつもいつも大事なときに助けてくれて、母の情け深さには感謝の念しかありません。

そして、このC銀行の件は後日談があります。母が用意してくれたお金で返済を済ませてしばらくすると、あのヤクザまがいの担当者が菓子折りを手に事務所に現れたのです。いぶかしく思いながらドアを開けると、彼は「あんなひどいことを言って、本当にごめん。実は自分にも二人、娘がいるんだ。返済してくれて、本当にありがとう」と言って、深々と頭を下げるのです。私は彼を事務所に通し、お茶の代わりにビールを出してあげました。少し酔うと彼は、「こんなひどい仕事でもやらないと、クビになって二人の娘を学校に行かせてやれなくなる。本当にごめんなさい」と言って泣きじゃくったのです。一流銀行員がリストラ要員となり、こんな仕事までさせられる。私は彼の前に置かれた空のグラスにビールを注ぎながら、大変な時代が来てしまったなあ……と、言い知れぬ不安が襲ってくるのを感じていました。

「稲葉」最大のピンチを助けてくれた男性たち

私の啖呵を黙って聞いてくれた銀行支店長

母のおかげでC銀行は何とかなったものの、それだけで事が終わるほど世の中は甘くありません。B銀行とD銀行は、相変わらず「返せ、返せ」と言い続けて来ていました。銀行では私と同じように、この手の無担保の融資商品に飛びついて、突然始まった貸し剥がしに太刀打ちできず、店をたたんだり逃げたり、最悪の場合、自殺する人さえ出始めていました。

私はそんな中で、もがき苦しむことを続けました。でも、たった一人でもがいていたのではありません。どん底にいる私に手を差し伸べてくれた、粋な男性たちがいたのです。どちらの銀行にも頭を下げて掛け合う日々が続き、私は心身ともに追い込まれ、かなり切羽詰まった状態でした。B銀行のY支店長は、私の借りた分は即刻全部回収しろと、上層部から言われていた様子でした。

限界に来ていた私はそのときY支店長に向かって、「私が駄目になったら、銀座は駄目になります。私を殺したら銀座の発展はありません」と啖呵を切ったのです。

ぎりぎりの状態で思わず飛び出た言葉でしたが、自分の中に、こんなに仕事が好きでこんなに頑張っているママはいない、こんな私が銀座で仕事をできなくなるなんて、そんなことありえないでしょう、という強い気持ち、強い自負があったからこそ、とっさに出てきた言葉だったのだと思います。

Y支店長は黙ってしばらく私の目を見つめた後、「分かった」とうなずき、不良債権を扱う子会社に私の借金を移す手続きをすると言ってくれたのです。それは上の指示に逆らう、彼独自の決断でした。

最近、講演などでお話をすると、「どうやって銀座でお店を二十年も続けることができたのですか」という質問を受けることがあります。私の答えはいつも同じです。「絶対に負けない、諦めないこと。とにかくやり続ける意志です」――それは、こういう経験から言っていることなのです。

Y支店長にはその後、街で一度だけすれ違いました。私に気づくと、「ああ、元気にしてる？　……僕、銀行辞めたんだ」と、ただそれだけ言って去って行ったのです。それ以上一切の説明も言い訳もなく——。真相は、分かりません。でも、あのときの決断が、Y支店長が銀行を辞める遠因になったのでは、という思いが胸をよぎりました。頭を下げることすら忘れ、ただその後ろ姿を呆然と見送りながら、胸が苦しくなったのを覚えています。

自分の得にもならないのに親身に対応してくれたWさん

貸し剥がしが多少落ち着いても、リーマン・ショックの余波は続きました。とにかくスタッフのお給料とお酒の仕入れ代、家賃と、この三つだけはもう絶対にどうにかして払わなくては、と必死の形相だったときです。

ある銀行に融資をお願いに行きましたが、断られてしまいました。そのとき、対応したWさんが「貸してあげたいけど、うちでは無理なんだ。でももしよかったら、過去の国民生活金融公庫（今の日本政策金融公庫）の実績をちょっと見せてもらえる？」と言うのです。

後日持参すると、Wさんはその書類を丹念に読み込み、「うん、やっぱり思った通りだ。銀行とは審査の基準が違うから、この実績ならきっと金融公庫なら貸してくれるはずだ」と、自分には何の得にもならないにもかかわらず、親切に私に教えてくださったのです。

その後Wさんはお忙しい中、ご自分の仕事にまったく無関係の、私が金融公庫向けに作成した書類まで目を通して、いろいろとアドバイスをしてくださいました。そしてその結果、本当に金融公庫から一〇〇〇万円を借りることができたのでした。

何も言わず一〇〇〇万円貸してくれたSさん

B銀行の返済は移管してもらえたおかげで通常の返済ペースになったものの、それも厳しい、という時期さえありました。

頭を抱えて悩んでいると、病気療養中のお客様Sさんの顔が浮かび、ちょっとお願いがあるのですが、と連絡を取りました。SさんはB銀行を含むグループ会社の創業者一族の方なのです。「僕もたまには外でご飯を食べたいので、お会いしましょう」と言って、和食のお店で久しぶりにお会いすることになりました。そこで私は、「本当に僭越なお願いですが、B銀行の返済を一、二年猶予してもらえないでしょうか。ご親族のどなたかに、そういうお話をしていただくことは、できないものでしょうか」と、厚かましくも切り出したのです。

Sさんはその日ははっきりとしたお返事はせずに、お帰りになりました。しばらくたち、また食事に行きましょう、とご連絡をいただきました。返済猶予のお話を進めていただけたのかしら、と思う私の前に座られたSさんは、突然一〇〇〇万円を差し出したのです。びっくりして口も利けなくなっている私に、「あんな話を進めるより、これの方が早いでしょ。これでつないで。でも君だから返すよね」とおっしゃるではありませんか。私は「一年後から返させてください」とただひたすら、頭を下げ続けました。

ここでもまた私は、粋な男性の計らいに救っていただいたのです。この一〇〇〇万円と一年の猶予で、実際のところ相当に助かりました。ところがSさんは、私が返済している途中で、癌でお亡くなりになってしまったのです。奥様は先に亡くされていて、息子さんが二人いらっしゃることは知っていました。私は息子さんの会社に連絡を取り、「お父様にお借りしていたものがあって、お話ししたいんです」とお願いし、お二人と食事ができることになりました。

そこで「実はこういう事情で、お父様は私を助けてくれたのです。まだ返済が残っているのでお返ししなければと思うのですが、申し訳ありません、一遍には無理なのです。お父様と同じ条件で、月々の返済をさせてもらっていいでしょうか」とお二人に申し上げたのです。

すると息子さんたちは「全然そんなことは知らなかった。言わなければそんなの知らないままだったのに。でも分かりました。月々一円でもいいですよ」とおっしゃって、「仕事ばかりしていて、冷たい親父だと思っていたけれど、親父のそういう一面を初めて知りました」と言ってくださいました。このお金は、今でも少しずつお返ししています。

Y支店長も、Wさんも、Sさんも、私をあの場面で助けたからといって、何の得にもならなかったはずです。それでも見返りなど求めず、私に手を差し伸べてくださいました。たとえどうにもならないような最悪な状況になっても、諦めずに必死でもがき、行動し続けてさえいれば、いろいろな方がそれぞれにできる形で、知恵をくださったり、助けてくださったりする可能性があるのです。諦めてしまったら、それで終わりです。

東日本大震災の影響は銀座にも

二〇〇九年、二〇一〇年と銀座の飲食店はバタバタとつぶれていきました。通りで他店のママやマスターとすれ違うたびに、「頑張りましょうね」と励まし合う日々でした。そして迎えた二〇一一年、久しぶりににぎやかな年明けとなり、初日からたくさんのお客様が来店されました。お客様たちも「もう景気も回復するよ」とおっしゃいます。長い長いトンネルを間もなく抜ける明かりがやっと見えてきたような、久しぶりのホッとした温かな気分が確かにあったのを覚えています。それもほんの束の間でしたが……。三月十一日、東日本大震災が日本を襲いました。

苦渋の決断

ちょうど二〇一一年の年明けから、料理屋の「銀座きくち」の料理人を新しい人に替えて新たにオープンさせようと動いていたところでした。料理人の世界というのは、誰のお弟子さんなのかということがずっとついて回る世界です。新しい料理人候補として私の友達が探してくれたのが、下山哲一さんという方で、「出汁の神様」と言われた横井清さんのお弟子さんでした。

「きくち」は道場六三郎さんのお弟子さんである菊池直美さんが料理人でしたから、道場さん系列の方の後釜に、横井さん系列の方が入る、というのは異例なことで、きちんと話をして筋を通しておかなければならないのです。

三月十一日に大震災があって、でもまだどんなレベルの災害なのかはっきりとは理解していなかった十二日の土曜日に、ちょうど改めて下山さんとお会いすることになっていました。すると下山さんは、「きっちり話を通してきました。道場さんにも挨拶をして、いろんな関係者の方に納得してもらったので、僕がママのところでお世話になるのに何の問題もありません」とすでに覚悟を決めています。私は大学の校友会のイベント幹事で忙しく、翌十三日の日曜日もニュースを見ることができない状況でした。そして十四日の月曜日に、東京電力福島第一原子力発電所の事故のことが明るみになり、ようやくテレビをつけた私も被害の大きさを認識したのです。

「これはまずい、料理屋はもう畳まなくては」と一瞬思ったものの、下山さんもそのお弟子さんももう根回しを済ませてしまっている。しかも、二人ともお子さんがたくさんいらっしゃる一家の大黒柱……。

「これはもう、どんな状況だろうとやるしかない……」。開店前の段階で、「経営者」として新しく抱えたスタッフとその家族全員の生活を守るという責任の重さを痛感する、苦しすぎる決断でした。

店を開けるだけで非難の声

震災直後は料理屋の負担だけでなく、本業であるクラブの方にも、もちろんお客様は誰もいらっしゃいませんでした。それだけでなく、お店を開けているだけで非国民と言われ、入り口に貼り紙までされました。抗議のメールも大変なものでした。私のメールアドレスをご存じなので、「稲葉」にいらしたことのある方にもかかわらず、です。

銀座のある居酒屋の店主が以前からメールマガジンの発信を行っていたのですが、震災後に「毎日暇で本当に困っています。何とか皆さん、予約を入れてください」と泣きのメールを送ったのです。すると不動産の賃貸収入で大金持ちのAさんが私に、「あんなメールはけしからん！　営業すること自体、とんでもないのに」と非難するのです。

私が「Aさん、落ち着いて考えてみてください。私たち飲食店に収入がなかったら、家賃も納められないですよね。家賃が入ってこなかったら、Aさんが一番大変じゃないですか」と言うと、「ああ、そうか……」と。

ひとたび世の中が不安定になると、そんな簡単なことも想像できなくなってしまうのか、と恐ろしくなりました。私たちは人をだましているわけでも何でもなく、それまでやってきたことを続けようとしているだけです。でもヒステリックな世論が大勢でしたから、泣き言さえつぶやけないような空気が漂っていました。この時期、どうやってスタッフ皆にお給料を払えていたのか、振り返っても本当に不思議なくらいです。

ネオンの消えた銀座にひそやかな歌声が

バッシングを恐れたこともあり、銀座のネオンは消えたまま、夜は真っ暗でした。暗がりの中でホステスのバッグを狙うひったくりも増えていて、帰り道は他店の知らないホステスたちと、体を寄せ合って駅まで歩く夜が続きました。お店は相変わらず暇でしたが、自粛で多くのイベントが中止になり、仕事がなくなってしまったミュージシャンやイベント会社のお客様が、ポツポツと飲みにいらしていました。

「銀座は全部閉店しろ！」というメールや電話の抗議も相変わらず続き、お酒や音楽は生活必需品ではないがために、非常時となった途端ここまでバッシングを受けるのかと、悲しくなり自信を失いそうでした。

震災から三カ月後、稲葉のすぐ近くで料理屋を営むご主人が、泣きながらお店の荷物を片付ける姿がありました。長年貯金をし、念願叶ってそのお店を開店したのが三月十日。翌日から一切来客がなく、三カ月でつぶれたよ、と肩を落としていました。口を開いても、掛ける言葉が何も思いつきませんでした。銀座を去っていく店主を毎日のように見送るようになりましたが、誇り高い彼らは震災のせいだとは決して口にしませんでした。

ところが、少しずつですが五丁目の音楽ラウンジの方にお客様が戻って来たのです。しかも徐々に以前より混雑していくようになります。歌手が歌う時間もありますが、お客様がカラオケを楽しむこともできます。お客様たちの、つらい時期だからこそ音楽を聴きたい、歌いたい、「上を向いて歩こうよ」という気持ちが、お店にはあふれていました。自分の仕事に自信を持って役割を果たしていかなくては、と私も顔を上げました。

続ける覚悟

リーマン・ショックから東日本大震災にかけて、こうしたつらい期間が何年も続きました。毎晩、胃の中に重い石が入っているようで、眠れないのです。以前はよくお客様としていたゴルフも、お金のことで頭がいっぱいで集中してプレーすることができなくなり、ほとんどやめてしまいました。人間、金策のことばかり考えていると、だんだん頭がおかしくなってくるのです。追いつめられると、死ぬ方法について書かれた本などにいつの間にか手を伸ばしてしまったりするんですよ。

そういう私をつなぎ留めてくれたのは、子どもの存在でした。子どもの無邪気さというものは、ものすごい力を持っているのです。

「ママ、頭痛いの？　ああ、お腹痛いんだ。お薬持ってきてあげるね。お布団敷いてあげるね」と娘がにっこりとして言うのです。そういう様子を見ていると、もし私が自殺なんかしたら、この子たちはどうなるんだろう、と冷静になれるのです。もし子どもがいなかったら、どうなっていたか分からなかったなと正直思います。あれだけ苦しい思いをして、自分をつなぎ留めてくれるものがもしなかったら、プチっと切れてしまう瞬間があり得たのではないかと思います。

それでも、「雇用されている人の星」から、一度こちらの「雇用する側の星」に来た人は、元の星に戻ろうとは思わないのではないでしょうか。少なくとも私は思いません。何があっても諦めずに、「続ける道を探し続けた人」が生き残れるのです。思いさえ強く持っていれば必ず道は開ける、と信じています。

経営者としての転機が訪れる

銀座ミツバチプロジェクトとの出会い

二〇〇八年のリーマン・ショックと前後して、お店として加入していた「GSK（一般社団法人銀座社交料飲協会）」の理事に推薦され、これを引き受けることにしました。GSKとは、約一五〇〇店舗の会員を持つ、銀座の飲食店の組合です。そしてそのつてで、「銀座ミツバチプロジェクト」というボランティア活動を手伝ってくれないか、というお誘いを受けたのです。この活動は銀座のビルの屋上で養蜂をし、ミツバチの蜜源を増やすために街の緑化活動にも取り組みます。採れたハチミツは銀座で商品化することで、街の活性化にもつながるのです。商品の一例としては、カクテル、はちみつ梅、カステラなどがあります。

今振り返ると、この出会いが私にとって大切な転機になったのだなあ、と感慨深いです。

この活動に関わるようになったことで、生き方、考え方がガラリと変わっていったのです。それまでは、自分のお店でいろいろな方と毎日出会っている気になっていましたが、銀座のクラブにいらっしゃる男性というのは、非常に限定された世界の方たちで、世の中全体からすればそれほど「いろいろ」ではなかった、と気づかされたのです。プロジェクトには、ボランティアでさまざまなバックグラウンドの方が参加されていて、そういう方たちとお話をしながら、こんな人生も、こんな生活もあるんだ、と改めて目の前が開かれる思いでした。二人の子どもを持って、保育所や学校という子どもの世界を通じて視野が広がった経験はありましたが、それに匹敵するような新たな世界だったのです。

「銀座のママ」の枠を超えた広い視野を持つ

「私の人生、これまで自分のお店の経営に無我夢中だったけど、ただそれだけで、そんなに豊かではなかったのかもしれない」と考えが大きく変わりました。そしてリーマン・ショックの影響で、銀座という街から華やかさが失われつつあったので、銀座を活気づけるということも私の使命かもしれない、とそれまでとは異なる視点で銀座を見るようになったのです。

もちろん銀座ミツバチプロジェクトはボランティアなので、お金儲けにもなりません。それどころか、周囲から「売名行為だ」などというバッシングさえ浴びました。その頃、お店にはまったくお客様が来ない状況でしたので、お店のスタッフには「ママ〜！　ハチミツ採ってないで、お客様呼んでよっ！」とからかわれたりもしましたが、それでもここで出会う人との交流や、ここで感じる「何だろう？」という面白さには、お金には換えられない価値があると感じたのです。

ちょうどその頃ブームになった本に、渋沢栄一さんの『論語と算盤』というものがあるのですが、自分の仕事がいかに世の中のためになるのか、という哲学を持って商売をしなくてはならない、という内容なのです。まさに彼の考えと同じことを、私もこの頃模索し始めていました。銀座のママという仕事は素晴らしい仕事なので死ぬまで続けたい、という気持ちに変わりはないけれど、ママという枠を超えて、もっと人のため、世の中のためにやれることがあるのではないか、それが私にとっての幸せなのではないか、と思うようになったのです。

愛する街――銀座を守りたい

「母校を守る」という気持ちから

自分のお店だけを見ていた狭い視点から、銀座という街全体を見る視点へと移りつつあった頃、さらに刺激を受けるお話を聞きました。銀座のクラブには慶應義塾大学を卒業されたお客様が多く、同窓の皆様は顔見知りで親しいお付き合いを続けられています。「校友」同士の絆が強く、寄付金もたくさん集まるそうです。早稲田大学の卒業生はそれを、早稲田は一匹オオカミなのに慶應は群れることが好きだ、などと皮肉ったりしがちです。

ところがあるとき、その訳を知りました。慶應義塾大学は、まだ発足間もない「塾」であった頃、経営の危機に直面し、創設者である福澤諭吉自らが廃塾を決意したことがあったそうです。そのとき、福澤諭吉の弟子たちが校友に声を掛け、寄付金を募り、廃塾の危機を免れたことから「母校を守る」という意識が強くなった、という経緯があったのです。これを聞いて胸が熱くなりました。私の母校である早稲田大学も大切にしたい、という意識が生まれ、校友会活動に参加するようになりました。同じような想いで、大分県人会にも参加し、故郷の方々と交流して、その魅力を発信することにも関わるようになりました。

家族、故郷、母校、銀座、そしてお店。自分にとって大切なものを、愛する、守るということに、強い使命を感じるのです。

そして愛する銀座への想いも、ますます強くなっていきました。銀行の貸し剥がしに遭ったとき、「私を殺したら銀座の未来はありません」と支店長の前で切った啖呵が、ただ思わず口から出ただけの嘘であってはならない。多くの方からの応援があって困難を乗り越えた以上、これからは銀座のために、そして世の中のために活動することで、感謝の気持ちをお返ししていかなくては――と。

勝手にパトロール――銀座の風紀委員

ＧＳＫの理事となり、銀座の街のさまざまな活動にも関わるようになりました。秋の一日に銀座の街に茶席を設ける「銀茶会」、夏の「ゆかたで銀ぶら」、中央区のバザーなど、さまざまな催しを通じて銀座をＰＲするお手伝いをしています。

そして不景気が進むと、銀座でも客引きが目立つようになってくることがあります。中央区の条例で、客引き行為は禁止されています。銀座の街には、呼び込みの姿は似合わない、とＧＳＫの理事たちもパトロールを行います。個人的にも、毎夜街を勝手にパトロールして、呼び込みをしているドレス姿の女性を見つけては、違法行為だと伝えて歩いているのです。というのも、私は銀座で四店舗を経営していますので、営業中にそれぞれの店舗を回る必要があり、そういうものを見つけやすいんですね。着物で毎夜そんなことをしていますので、当然目立ちます。私の姿を見つけると逃げてしまう呼び込みも多いです。

また客引きの女性が、一人で歩いている男性をターゲットにして、一緒に飲みましょうと、ずっとついて歩く手口も最近は増えています。これから行く店があるのでと断っても、本当かどうか確かめるまでしつこくついて来るのです。そんな様子を見かけたら、勝手にパトロール出動です。「遅かったから迎えに来たわ」とその男性の腕を取って、客引きからさっさと離れて行くのです。もちろん男性も一瞬びっくりされますが、客引きが諦め次第「気をつけてね」と去りますので、遠くからお礼を叫ばれたりします。最近は「稲葉」のお客様からも、「銀座の風紀委員だね」と笑われています。

喧嘩して倒れている人も、酔って倒れている人も、銀座のお客様

倒れているような人も、周囲の人が怖がりますので、声を掛けてタクシー乗り場まで送って行きます。一度、喧嘩をして殴られたのか、通りの真ん中で大量の血を流している人がいました。救急車を呼ぶにしても、タクシーで病院へ連れて行くにしても、とにかく抱えて道の端に寄せようとしたら、路上にいるクラブの黒服たちがパーッと集まって来てくれました。銀座の黒服たちは、自分のお店のお客様が銀座に入られたことをお店に連絡したり、車を預かるポーターをしたり、女性をスカウトするなどのために路上に立っています。同時に彼らは、銀座の街の秩序や風紀を守ることにも役立ってくれているのです。

このときは、着物姿のママが血だらけの男性を介抱しようとしたので、手伝わなくてはと

思ったのでしょう。彼らはこの女性はどこのクラブのママで、どこのクラブのホステスかということも、ほとんど把握しています。

またあるとき、お店が終わり帰宅しようと歩いていると、若い男性が大通りで大の字になって寝ていました。表通りなので黒服の姿もなく、誰も声を掛けず放置されているようなのです。起こして家の場所を聞くと私が帰る通り道だったので、一緒にタクシーに乗せて送って行ったのです。ひどく酔ってはいたものの、名刺をくださいと言うので渡しておきました。

すると次の日、その若い男性が花束を持ってお店にやって来たのです。何でも、上司に連れられて毎夜あるクラブに飲みに行くものの、上司はいつもママを送って帰るので、酔っていても一人になってしまうとのこと。その日もまた同じクラブで上司に付き合って飲みながら、私に送ってもらったことを報告すると、上司が三万円を彼に握らせて、今すぐお礼に行きなさい、お礼の意味でそのお店でちゃんと飲んできなさいと言ったそうです。そのお店のママには、花束も持って行くといいわと教えられ、突然の登場となったのでした。彼もまた、そんな粋な上司の記憶を胸に成長していくことでしょう。

講演を重ね、日本人の美意識を再認識

不思議なご縁で講演会講師に

あるとき、大分県人会のパーティーでIさんという方と同じテーブルになりました。珍しい名前なのでピンと来てお尋ねすると、やはり私の友人のご親戚でした。それで話が弾み、銀座ミツバチプロジェクトのことをお話しすると、何と私たちが白鶴ビルの屋上で農園の作業をしているのを、Iさんが勤務されている会社のビルからいつも見ていらっしゃることが分かったのです。「一度遊びにいらっしゃい」とおっしゃってくださり、お名刺をいただきました。

そして後日、会社へお邪魔すると、社内のレストランから白鶴ビルの屋上が見下ろせて想像以上に様子がはっきりと見えるのです。Iさんの会社は講演会事業も手掛けており、その際にミツバチプロジェクトのことや夜の銀座について講演で話してみないかとお誘いを受け、講師をさせていただくことになりました。

日本人ならやっぱり粋でなくては

全国を回って講演をさせていただくなかで、多くの方が銀座に大きな関心を持ってくださっていることを知りました。興味はあるが敷居が高い、一度はクラブへ行ってみたいなど、さまざまな想いを投げ掛けてくださいます。そして講演で銀座のことをお伝えするうちに、夜の銀座には、日本人の精神性の素晴らしさが凝縮されているのではないか、と思い至りました。

銀座のクラブでは女性が美しい姿で男性をもてなしますが、男性に媚びるために着飾っているわけではありません。銀座のある有名クラブのママは、「着物は美しき戦闘服」とおっしゃいます。大人の男女が、時には疑似恋愛だったり、時にはビジネスパートナーであったりしつつ、互いに精神を磨き合うのが銀座のクラブなのです。

最近は外国人ビジネスマンも利用されることがありますが、高い料金を支払うのにホステスとは会話を楽しむだけ、ということに驚き、憤慨される方も多くいらっしゃいます。

日本のクラブは女性そのものを目的としません。他国では例がない形式で、一つの日本文化の形なのではないかと思います。それを支えるのが、本書でお伝えしてきた、日本の男性の精神性と美意識の高さなのです。

今、世界情勢が大きく変化し、混迷する時代になりつつあります。「自分の国を守る」という意識があまりに過剰になり、「自分の国さえ良ければいい」という方向へ進んで行くのではないかと不安を感じます。江戸時代、自分さえ良ければいいという振る舞いをする人のことを「野暮な人」、人様のためにという行いをする人を「粋な人」と言ったそうです。やはり日本人たるもの、粋でなくては。そして見返りを求めず人のために尽くす日本人の美意識を、世界にも伝えていけたら、と願っています。

二十年続けることの難しさ

サプライズのお祝い

リーマン・ショックのどん底、追い打ちをかけるかのような東日本大震災。一方で、銀座ミツバチプロジェクトとの出会いや講演会講師としての広がり。山あり谷ありの道をなんとか歩み続け、二〇一六年に「稲葉」は二十周年を迎えることができました。その年の九月には記念パーティーも開かせていただき、三〇〇人以上のお客様が温かく祝ってくださいました。

そんななか、「二十周年だね、パーティーには都合で行けないから、今日お店にお祝いに行くね」と息子さんを連れていらしてくださったのがCさんでした。そして来店されたCさんは、それはそれは豪華なお祝いの品々を持参してくださったのです。私が銀座にお店を持つ前の日本橋時代に、よくお店を利用してくださっていた方でしたが、お店を持ってからは年に一度来店されるかどうか、という方でした。決して常連というわけではなかったので、私は驚いてしまい、「こんなにしていただくわけにはいきません」と辞退しようと思いました。するとCさんは、どうしてこんなに豪華なお祝いをしてくださるのか、その理由を話してくださったのです。

Cさんは以前、ある商事会社に勤めていらっしゃいました。ところがその会社がリストラをしなくてはならなくなり、Cさんは営業成績が良かったにもかかわらず、「若い人を辞めさせるくらいなら、俺たちが辞めよう」と同僚に声を掛けたのです。

そのときは応じてくれた同僚たちでしたが、次の週にCさんが実際に辞表を持って来たときには誰も辞めず、結局Cさんは一人で会社を辞めることになったのです。

辞めた後どうするか、独立するしかない、とご自分で商事会社を興されましたが、元の会社も、元の取引先も、仕事の発注を求めて訪ねても、「そんな出来たばかりの小さな会社にやる仕事はない」とそれは冷たい対応だったそうです。

そのとき、会社というのは十年、二十年、三十年と続けてやっと一人前なんだ、と思い知ったと——。そしてその後、苦しみながら何とか会社を続け、今年で三十五年になった。その間、昔自分を見下した人たちが退職して起業するのを一〇〇人以上見てきたが、二十年続けられた人はほとんどいなかった。だから二十年お店を続けたということは、そんなにもすごいことなんだ、これくらいお祝いされて当然なんだよ、本当に頑張ったね、とおっしゃってくださったのです。

静かに見守ってくれる優しさ

Cさんはお店にはたまにしかいらっしゃらなくても、私のお送りするメールをご覧になって、私のさまざまな活動を遠くから見守ってくれていたのでした。そしてご自分の三十五周年と私の二十周年が重なったこの節目に、これ以上ないほど盛大に祝ってくださったのです。最大の賛辞とともに。

私のこれまでの経験から思うのですが、Cさんに限らず粋な男性というのは、遠くから静かに見守ってくださる、ということがよくあるのです。決して出しゃばらず、距離感を保ったところでそっと見守っていてくださる。こんなにも粋なお祝いをしていただいて、私はつくづく幸せ者だと思います。その日、Cさんと息子さんのお帰りを、ネオンの中に姿が見えなくなるまで見送り続けました。その背中を見つめながら、「二十年、諦めずに続けてきて本当に良かった。どんなに真っ暗闇で道が見えなくて、もうくじけてしまいそうでも、手足を動かし、続けていける道を探し求めて良かった――」と背筋を伸ばし、胸を張りました。Cさんの消えた通りの柳をサワサワと揺らした風が、私のほおを優しくなでてくれました。

スピンオフ

バブルという時代

私は一九六六年生まれで一九八五年大学入学という、バブル世代です。当時はバブルの只中にいるという意識はほとんどなく、ただ夜の仕事をしているから皆こんなに華やかなのかな、という程度の認識でした。というのも、通っていた早稲田大学が、バブル色が極端に薄いところで、当時はむしろ宗教色が濃かったのです。ちょうどオウム真理教が大きく育っていく過程で、学内の信者数はかなりの数だったと思います。キャンパスを歩いていれば、何度もオウム真理教に勧誘されたものです。

バブルの当時は皆朝まで平気で飲んで、普通に会社へ行き、またその日の夜に来店、と本当に元気いっぱいでした。今のように、頑張っても頑張っても結果が出ない世界ではなく、すべて結果の出る世の中でした。人と会えば仕事が取れ、どこかに出掛けていけば仕事が取れる、世の中全体がそんなハイテンションの躁状態でした。あるとき、アフターで朝までお客様のお酒に付き合うと、「タクシー代ね」と紙に包んだお金を渡され、家に帰って開けると五万円も入っていて、驚いたことがありました。先輩ホステスに「これってどういう意味ですか？　俺の女になれ、っていう意味ですか？」と恐る恐る聞くと、「全然違うわよ。そんなのもらっときなさい」と大笑いされました。

ゴルフデビューもハワイでした。お客様に「ゴルフの練習を始めたんです」と言った途端、「パスポートある？　取っておいてね」と言われ、お店のホステスとお客様二組の計八人で、ファーストクラスでハワイに連れて行かれました。だからといってホステスたちに何かしようとかそういうことでは全然なく、単純に今で言うと「熱海でゴルフしよう」くらいの感覚だったのです。

バブルはバブルに過ぎませんが、若い頃に多くの経験をする、という意味では、本当に有り難い時代だったとつくづく思います。今の若いホステスたちは、いろいろな遊びを通して多くの経験を積む、ということが本当に難しいのです。

けれども、周りには「金さえあれば何でもできる」という発想の人も多く、こんなおかしなお客様もいらっしゃいました。

私は大学を二回留年して、計六年在籍していました。単位が取れなかったのではなく、大学生でいたいがために、意図的に一つ単位を落としたのです。当時は新卒でなければ就職は難しく、ホステスの道を進むか普通に就職するかでまだ葛藤していた私は、決断まで猶予が欲しかったのだと思います。それともう一つ、「女子大生ママ」というブランドでお客様にもかわいがられ、持ち上げられていた部分がありましたから、女子大生でなくなってしまうことへの不安もありました。

ところが、そんな私の事情を知らないあるお客様が、私が単位を自力で取れずに留年し、困っているのだと思い込んでしまったのです。そのお客様は不動産会社の社長さんで、まさにバブルを体現したような人物でした。部下をお店に連れて来たと思ったら、「この男に、亜紀ちゃんを卒業させるプロジェクトを組ませたから」と、訳の分からないことを言い出したのです。要は部下に、お金を使って教授に掛け合って私を卒業させるよう、指示したということでした。私にいい格好を見せようという思いからだったのでしょうが、今の時代から見れば、本当に拝金主義が極まったような発想で、滑稽ですらありますよね。さすがにこれは周囲の方が止めてくださり、話は立ち消えになってほっとしました。

振り返れば振り返るほど、あのバブルの時代は、おかしなおとぎ話のような時代だったなあと思います。

CHAPTER 4

エグゼクティブの流儀

ある講演会で、若いビジネスマンの方から「粋な男でいるために、心掛けるべきことは？」というご質問をいただきました。そのとき、ゆとり世代の若者に「粋」を示してあげることができる上司がいなくなりつつある現状について考えさせられました。

もはや絶滅危惧種とも言えるかもしれない「粋な大人」。けれども銀座に二十年いる私は、ほれぼれするような粋な男性を目撃する機会に数多く恵まれてきました。私などが「粋とは……」などと説明するより、現実の銀座の街に実在する、粋な男性たちの姿をご紹介させていただくことが一番かと思います。

新人ホステスだった私が感じたオトナの魅力

わざと叱りつけてくれたお客様

私はバブル絶頂期の一九八五年、上京し早稲田大学に入学しました。当時は景気が良すぎて、飲食業界はどこも人手不足。たまたま大学の友人の叔父夫婦が日本橋でクラブを経営しており、「早稲田の子でもいいから、誰か若い子を連れて来て」と声を掛けられたのです。気楽なアルバイト感覚でこの世界に足を踏み入れた田舎者の私を、たくさんの粋な紳士が助け、育ててくれました。

ホステス一年生のあるときのことです。常連客のAさんが取引先のB社長を接待する大切な席で、ワインをお注ぎする大役を任された私は、緊張のあまり、あろうことかB社長のスーツに赤ワインをこぼすという大失態を演じます。当然のようにAさんは、「大事なお客様になんてことをするんだ！」と大変な剣幕で私を叱りつけました。私はただひたすら手をついてお詫びするのみ。するとB社長が「これくらい大丈夫だよ。そんなに叱ったらかわいそうだよ。さ、一緒に飲もう」と私のグラスにワインを注いでくださいました。お姉さんホステスたちが「さすが、B社長、優しい！　心が広い方って素敵！」と称賛の声を上げ、丸く事が収まりました。幼い私はただB社長の優しさに安堵するだけでしたが、ずいぶん後になって、これがAさんの粋な計らいだったことに気づきます。あの場面で敢えてAさんが私を叱りつけることによって、B社長の気分を損ねないばかりか逆にご機嫌にしてしまい、私の失敗を丸く収める、という計算された心配り、そして私に対する優しさでもあったのです。

安物のプレゼントでも

またあるとき、私はホステスになって初めて、お客様であるCさんとお食事をすることになりました。Cさんが連れて行ってくださったのは、二十歳の学生の私には贅沢すぎる料亭で、私は恐縮してばかりでした。Cさんは「初同伴のお祝いだよ」とシャンパンや高級ワインまで開けてくださり、夢心地の気分でした。

後日、お礼にとCさんにカフスをお贈りしました。私にとっては少ないお給料から精一杯の買い物でしたが、クラブに通うような男性に贈るには、今振り返ると恥ずかしくなるような安物でした。でもCさんは、いつもお店にいらっしゃるときにはそのカフスを着けて来てくださって、「亜紀ちゃんからの愛のプレゼントだよ」と部下に自慢してくださいました。

粋な男は媚びず、見下さない

日本橋時代から二十年以上のお付き合いになるお客様Dさんは、誰に対しても言葉遣いが丁寧な方です。若い黒服の男性やボーイに対しても、必ず「○○さん」と名前で呼び、決して「おい」などと声を掛けたりはしません。

先日、日曜日の銀座でDさんが奥様の買い物に付き合われているお姿を拝見する機会がありました。Dさんは長年連れ添われた奥様にも丁寧な言葉で語りかけていらして、まさに夫婦円満なご様子。Dさんのように、偉い人にも媚びず、目下の人も見下したりせず、誰に対しても態度が変わらずフラットという男性は本当に素敵です。こういう方は、クラブでもホステスの好き嫌いを言わず、どのホステスにも気持ちよく接してくださいます。接待の場面で、いろいろなホステスが自分の席で良いサービスをしてくれた方が助かる、ということが分かっていらっしゃるので、どのスタッフに対しても分け隔てなく、よくしてくださるのです。

部下に対しても同様で、部下と飲みに来た際など「お疲れ様。今日は遠慮なく飲め」と、部下を接待しているのかと思うほど、上司風を吹かさないし、決して威張らない。部下を押さえつけずに、いいところを引き出そうとされるのです。結果としてそういう方には、いざというとき「この人のために頑張ろう」と周囲の人たちが一丸となって集まるのでしょう。

これとは逆に、お気に入りでない女の子がテーブルにつこうとすると手でシッシッと追い払うような人、部下の前では威張っておいて、偉い人がやってくると豹変して平身低頭するような人にはがっかりさせられます。人によって態度を変える、裏表がある人は、興ざめさせられますし、周囲の人に信頼もされません。

私はホステスの第一歩から、こんなに粋な男性たちに育てていただいて、本当に幸運だったと思っています。

ユニチカの勝匡昭さんの思い出

帰りがけにいつもさらっとアドバイス

日本橋時代に出会った多くの粋なお客様のなかでも、とりわけ思い出深い方が、ユニチカの勝匡昭《かつまさあき》さんです。後に社長に就任されました。会社では鬼のように怖かったとお聞きしていますが、お酒の席ではいつも楽しそうに冗談ばかりおっしゃっていました。にもかかわらず、帰り際、お見送りするようなタイミングでさらっとアドバイスをくださることが幾度もあったのです。

「今日は彼氏とけんかしたのか？　プロなら何があっても表情に出したら駄目だぞ」「出る杭は打たれる、抜きんでれば足を引っ張られる。でもそこでくじけるな、突き抜けてしまえばいいんだ」「亜紀ちゃん、最近敵が多くないか？『実るほど頭を垂れる稲穂かな』

という言葉を忘れるなよ」――。

私は年上だらけのホステスたちを差し置き、あっという間にナンバーワンに、そして間もなく雇われママになってしまい、お店のスタッフ皆にその状況を納得してもらうまで、かなりつらい時期を過ごしていました。そんな私に、毎回、そのときの状況に応じて驚くほど的確な言葉をいただいて、ハッとさせられることばかりでした。

企業のトップともなる方は、ただ楽しく酔っているかと思いきや、お店全体の様子、スタッフ同士の関係まで鋭く観察をしていらっしゃるのだと、舌を巻くばかりでした。

誠実な話しぶりに母も納得

女子大生ママとしてもてはやされた数年が過ぎ、やがて大学卒業の時期が迫ります。いよいよ田舎の両親に、ホステスを本業にして生きていきたいと告げました。大分に帰り教師になるものだと考えていた堅実な両親は腰を抜かすほど驚いたようでした。でももっと驚いたことに、何と翌日、母が大分から飛んで来て、日本橋のお店に乗り込んできたのです――。母はいざとなると豪快で行動力にあふれたタイプですが、田舎者ゆえ、銀座のクラブと風俗の違いすらよく分かっていなかったのです。店のオーナーに向かって「すぐに娘を辞めさせてください。水商売をするために大学まで行かせたのではありません」ともものすごい剣幕でまくしたてます。オーナーもスタッフも、どうしたものかとオロオロするばかり。

そんな状況のところへ来店されたのが、勝さんでした。状況を把握された勝さんは、いつもの笑顔のまま、母に名刺を差し出します。母は大企業の名前などほとんど知りませんでしたが、ラッキーなことにたまたまバレーボールのファンだったので「ユニチカ」の社名はよく知っていたのです。勝さんは少し落ち着きを取り戻した母を座らせ、「まあ、ビールでもいかがですか」とお酌までしてくださり、母の目を見て語りかけます。

「このお店は私たちビジネスマンの憩いの場所です。そして大事なお客様を接待する場でもあって、お嬢さんにはいつも助けてもらっています。ご心配をするようなことはありませんから、どうか安心してください」。

その誠実な話しぶりに母も胸を打たれ、やっとクラブは風俗とは違うと理解してくれたようでした。こんな立派な会社の紳士的な役員さんが利用しているようなお店なら間違いはないだろう、と納得してくれたのです。

「どうせやるのなら、本気で必死で頑張りなさい」と、ついに私がママを続けることを許してくれました。

親不孝を叱られて

母の正式な許可を受け、私はますます仕事に邁進し、そのせいで卒業論文を書く時間が確保できず悩んでいました。クラブのママになるのなら大学の卒業証書など必要ないわけで、中退も考え始めました。ところがここでも多くのお客様が「中退と卒業ではまったく意味が違う、もったいないよ」と説得してくださいましたが、決定的な一言をくださったのはやはり勝さんでした。

「せっかく親がこの仕事を許してくれたのだから、卒業することは親へのけじめだ。大分から飛んで来てくれたあのお母さんへの感謝の気持ちで、きちんと卒業しなさい」。

この言葉は、私の胸に刺さりました。私は自分の親不孝さを猛省し、無事、卒業論文を提出して卒業することができたのでした。

いつもどんな場面でも「粋な」勝さんの助言に支えていただいたことに、感謝の念が絶えません。

銀座のマナーを教え継ぐ社長さん

大事な接待を邪魔されて

年の頃は六十代のA社の社長さんが、あるとき有名人のBさんを接待で連れて来られました。その日はたまたま三十代前半の銀座デビューしたての若いお客様たちもいらしていて、だいぶ酔いが進んでいました。その若い彼らが、Bさんが前を通った瞬間、「〇〇だ！　〇〇だ！」とBさんをはやし立てて大騒ぎをしたのです。

Bさんはとても気分を害されて、さっさとお帰りになってしまいました。接待を台無しにされた社長が「何だよ！」とご立腹されて帰られたのは言うまでもありません。

私は翌日、当然のことながら社長のところへお詫びに伺い、ご不在でしたので秘書の方にお詫びをお伝えしました。Bさんにはお詫びのお手紙を書き、後日「お気遣いありがとう」というご主旨の返事をいただきました。そして騒いだ若いお客様たちには、こんなメールを送りました。

「銀座のクラブというところは、皆が心地よく過ごすために気配りをし合って過ごす場所です。でも昨日は、皆さんが酔っぱらってはやし立てたせいで、Bさんはとても不愉快な気持ちになり、連れて来られた方の顔もつぶれてしまい、私は今日お詫びに行ってまいりました。もうあのような振る舞いをされるお客様には、いらしていただかなくて結構です」。

要は出入り禁止です。するとこのお客様たちは、まずお詫びのメールをくださり、その後すぐ店にやって来て土下座するような勢いで謝りました。

「一杯おごれ」で許す度量を持っている

それでも私はどうにも嫌な気持ちが拭えず、経営する「Ｂａｒ66」でマスターにこのことを話して気持ちを静めようと、一人で行きました。すると、そこに件の社長が飲みに来ていたのです。

「あっ！　ママ来たの！　今ね、稲葉の悪口を言ってたよ」とおっしゃるので、改めてお詫びをして、若いお客様たちが謝りに来たことを伝えました。

すると社長は、「へえ、そうなの……。まあそうだよな、俺も若い頃はそういう失敗したねえ。でもまわりの年長のお客さん、許してくれたからね……。いいよいいよ、今度会うことがあったら一杯おごれって言うから、ママもう許してあげて」と言ってくださったのです。

まさに銀座の粋な男、ですね。銀座のクラブには、こんなふうに、飲む上でのマナーを年長者が若者に教える習慣が根づいています。クラブ全体の雰囲気を守ろうという空気がきちんと存在するのです。もちろん私も若いお客様にはその都度教え、私のそういう対応を見て、お客様も「このお店の質はこうだな」と考えるのです。

二十年それを続けているので、今は他の方の気分を害するようなお客様は、ほぼ皆無です。でもやり続けていないと、ほんの数人の方から類は友を呼ぶとなり、あっという間に大騒ぎをしたり無礼な振る舞いを平気でする方ばかりになってしまうのです。だからこそ、時に起こるこんなハプニングをどう処理するかということが、客層を守る上で重要なポイントになるのです。

知らず知らず銀座のマナーは受け継がれ

このように銀座のクラブは「社交の場」でもあります。ですから、例えば向こうのテーブルに、自分が長年ファンだった有名な方がいらっしゃる、という状況でも、急に声を掛けたりするのはマナー違反なのです。どうしても一言お話ししたいのでしたら、勝手に席を立って行かずに、まず私やホステスに話を通していただいて、ご本人の承諾を得てから、お声掛けいただくというのがマナーです。

先ほどのエピソードの後日談ですが、社長さんと若いお客様たちがお店でばったり会う機会があり、若いお客様たちが直接社長に謝罪されました。社長は「俺も若いときはそんなこともあったよ。もういいからさ、一杯飲め」と笑って一件落着にしてくださいました。若いお客様たちにとっては寛容な大先輩に許していただいた経験が心の糧となり、後々彼らが同じ立場になったとき、また同じように若い人たちに受け継いでいってくれることでしょう。

銀座というのは、世の中から少しずつ消えつつある「世代を通じて教え継ぐ」という文化が、まだ息づいている場所なのです。

年長のお客様に憧れて

先輩に連れられて来たものの

これは私が直接目にした出来事ではありませんが、「稲葉」のお客様からいただいたメールに書かれていたお話です。

Aさんは三十八年前、まだ学生のときに、大学の先輩に連れられて初めて銀座のクラブというものを知ります。Aさんは学生服を着ていたにもかかわらず隣に座った綺麗なホステスに優しくもてなされ、すっかりうれしくなってしまいます。

「このお店はいくらあれば来られるんですか」「僕でも来ていいんですか」などと無邪気

な質問をすると、「三万円かな。○○様のご紹介だから、もちろんいつでもいらしてください ね」という返事をもらって感動してしまい、翌日からアルバイトに励みます。二日間、夜間の地下鉄工事のアルバイトで二万円を稼ぎ、手持ちの一万円と合わせて三万円を握りしめ、意気揚々とその店を再訪したそうです。

銀座で飲める男になりたい

先輩のボトルをいただいていると、隣についてくれた前回と同じホステスが、横のテーブルで飲んでいた年長のお客様たちに、「学生さんが地下鉄工事でアルバイトして、お金を貯めて来てくれたの。お腹を空かせているようだから、何か取ってあげたいんだけど、いいかしら?」と声を掛けたのです。Aさんがびっくりしていると、そのお客様たちは「いいよいいよ、寿司でも何でも取ってやれよ」と笑って言ってくださり、Aさんにとってはまったくの初対面のおじ様たちに豪華なお寿司をご馳走になったのです。そしてAさんは、そのお客様たちの格好良さに憧れ、あんな大人になりたい、あんなふうに銀座で飲める男になりたい、という思いを抱きます。

後日、そのお客様たちが大手商社の社員だったことを知って商社マンに憧れ、Aさんも別の大手商社に入社。見事に「銀座で飲める男」となり、夢を叶えられたということでした。そして最初に隣に座ってくれたホステスさんとも、今でもたまにお会いするそうです。

このような光景は稲葉でもよくあります。銀座の男性たちはさまざまな形で若者を育て、育てられた若者がまた年長者になり、同じように若い人たちを温かく見守るようになる、そんな素晴らしい伝統が存在するのです。

シャンパンと引き換えに

おねだりベタの新人ホステスが……

ホステスにとって誕生月は、自分のそのときの人気度が目に見えて明らかになる、ある意味残酷な月です。

「稲葉」にはある時期、七月が誕生日のホステスが何人もいましたが、その一人で新人のAちゃんは、まだまだ接客が素人レベル。他のホステスは誕生日祝いに高価なシャンパンをポンポンと入れてもらっているのに、自分はなかなか入れてもらえない。お客様にタイミング悪くシャンパンをリクエストして、「君、おねだりがヘタだねえ。もう少しお客を楽しませたところでおねだりしないと」などと、ご指導されたりしてしまう状態でした。

そんなAちゃんが一、二回しかお会いしたことのない五十歳代のBさんのテーブルについたときのこと。私もオーダーしないような高価なシャンパンを「私、これが飲みたいの～」と突然リクエストし、Bさんをびっくりさせたのです。

その日お店は混んでおり、私は別のテーブルで忙しく、そちらのテーブルの様子に気づいたときには、Bさんがリクエストに応じて注文し、すでにシャンパンが開いてしまっていたところでした。私も驚いてしまい、閉店後にAちゃんを呼び、「Aちゃん、あなたBさんにあんな高価なおねだりができる立場ですか？　長いお付き合いのお客様ならまだしも、あなたにとってBさんはそんな方じゃないでしょう。もっと立場をわきまえて」と注意しました。

シャンパンと引き換えに交わした優しい約束

翌日、Bさんに電話を掛けてお詫びしました。「申し訳ございません、新人の子があんなに高いものをおねだりして。それを快く応じてくださって、本当にありがとうございました」。するとBさんは、「うーん、びっくりしたけどね、まあいいよ。でもあの子に言ったんだよ。シャンパンは入れてあげるけど、その代わり親孝行をしなさい、それが約束だよって」とおっしゃるのです。意外な展開に私も驚き「えっ、そうだったんですか！　分かりました。必ずAちゃんがどんな親孝行をしたのか、Bさんに後日報告をさせるようにいたします」とお約束しました。

後で別のホステスから聞いたのですが、Aちゃんはご両親と仲が悪く、「実家なんか帰らない、親なんて大嫌い」などとお客様とのお話でも時々漏らしていたようです。それをBさんも耳にされていて、とっさの場面でそんな優しい提案をしてくださったのです。

「こんな高い酒を注文してやったんだから、一晩付き合え」、なんていう人もいる世の中、立場を超えた言動をしたAちゃんに対して、そんな温もりのある言葉を掛けてくださったBさん、本当に粋な男性だと思わず溜息が出てしまいます。

シャンパンの泡は一瞬で消え失せますが、Bさんの情け深い計らいは、Aちゃんや私の心の奥の方に、いつまでも消えることなく残るはずです。

復活する人、終わる人

銀座のクラブにいらっしゃる男性は、ビジネスマンでも、経営者でも一流の男性ばかりです。でも上司とウマが合わなかったり、派閥抗争に敗れたり、時代の逆風にさらされたりして、不遇な時代を過ごすことは、優秀な男性にとっても決して珍しい出来事ではありません。

私はそんな男性たちの姿を数多く見てきましたが、復活するか、そのまま終わるのかは、不遇な時代をどう過ごすかにかかっているなあ、としみじみと感じています。

社長の座を逃しても

大阪の大企業で専務取締役を務めるAさんは、Bさんと同期入社で、二人で長年社長の座を争っていました。結果、会長と同窓だったBさんが社長に昇格することとなり、Aさんは大阪の本社を離れ、東京の子会社の社長として就任することに。それをきっかけに「稲葉」にいらっしゃるようになったのです。

親会社の専務取締役だった方を迎えるわけですから、子会社の皆さんはどんなに厳しい方なのかと、戦々恐々として待ち受けていた様子です。ところがAさんは、子会社の社員たちに「勝手が分からないことばかりなので、いろいろと教えてください。よろしくお願いします」と謙虚に、とても腰の低い態度で接したのです。

若い部下たちとも飲みにいらしたり、ゴルフに出掛けたりと、本当に気さくでくだけた付き合いをされ、あっという間に社員たちに慕われていきました。

そして数年後です。あのBさんが病気で大阪本社の社長を退任されることになりました。そのとき、後継者が育っていない、ということで急遽Aさんが本社に呼び戻され、社長に就任することとなったのです。親会社の社長になられてからもAさんは、東京へいらっしゃるたびに子会社の皆さんと変わらず楽しそうに飲んでいらっしゃいました。その姿は本当に素敵で、まさに粋な男とはこうあるべき、といった様子でした。

左遷から一転、V字回復させた社長に

Cさんは順調に出世街道を走り続ける優秀な営業マンです。ところがあるとき突然、地方の支店へ左遷されてしまいます。新しく社長に就任した方が、優秀なCさんを疎ましく思っての人事だったようでした。

私はどれほど気落ちされているかと心配していましたが、Cさんはお店にいらして、「田舎でのんびりするよ。もう銀座に来ることもないだろうけど、今までいろいろお世話になってありがとう。お礼にママの好きなピンクのドンペリで乾杯しよう」と明るく振る舞い、笑顔で去って行かれました。

その後はお会いする機会もなくなり、どうしているだろうと思っておりました。そして数年後、急にCさんの部下だった方から「今度Cさんをお連れするよ」と連絡をいただき、久しぶりの再会をしました。そして新しくいただいたお名刺には、「代表取締役社長」の

肩書がありました。それは会社の経営状況が悪化し、多くの方に「あいつなら！」と請われ、本社に引き戻されての就任だったのです。

あんなふうに明るく去って行かれたとはいえ、左遷でつらい思いもされたでしょうが、そこで腐ったりメゲたり落ち込んだりすることなく、自分に与えられた仕事や任務をまっとうされていたのだな、と心から尊敬いたしました。Cさんはその後、会社を立て直し、「V字回復させた社長」として新聞やビジネス誌にも取り上げられていらっしゃいました。

「銀座でまた飲むために」どん底から復活

不動産会社の社長であるDさんは、稲葉では珍しい、派手な遊び方をされるお客様でした。ホステスに突然お金をポンッと差し出して、「俺と付き合え！」なんて言ってしまうような、ギラギラしたタイプです。ところが会社が倒産したという噂が立ち、お店にもまったく来なくなってしまいました。

そんなあるとき、私が所用で築地を歩いていると、何とダンボール集めをしているDさんにばったり会ってしまったのです。私もあまりのことに、「あっ！」と思わず声が出てしまったのですが、Dさんは私と目が合っても、隠れたりする素振りは見せず、「オッ！」と一言おっしゃって、そのますーっと去って行かれました。

その後お店では、Dさんのゴルフ仲間だった方たちが、「あいつもバカだよね……」などと悪口を言う場面もありました。

それから二年ほど過ぎたある日のこと、Dさんが突然お店に現れたのです。「僕ね、銀座でまた飲むために、頑張ったんだ」と笑顔でおっしゃって、見事に不動産会社を復活させたのでした。男性というものは家族にさえ逃げられてしまっても、「また銀座で飲んでやる！」というモチベーションで頑張ることができるんだなあと、Dさんの自信に満ちた笑顔を見ながら感慨深く思いました。

一度そういう地獄を見るような経験をすると人は変わると言いますが、Dさんもまさにそうでした。あんなにギラギラしていたのに、穏やか〜な方になってしまったのです。以前のような派手な飲み方もまったくしなくなりました。彼の悪口を言っていた仲間は、「え、戻って来た……」と口が開いたままになっていました。

Dさんがまさにそうですが、たとえどんな逆境に置かれても、逃げも隠れもしない堂々とした方はいつか復活されます。どん底に落とされても、姿をくらましたりなどせず、街で会えばちゃんと挨拶をされて「そのうち行くからな！」と言える人は大丈夫です。そして私たちも、そういう方に対しては、無理に売掛金の回収を催促したりしないのです。そこには、「お互い様」の関係が強く存在するからです。でも、もちろん逆の残念なパターンも見てきました。

ヤケ酒では出世も遠のく

大企業の東京支社の営業部長であるEさんがある日、社長と来店されました。Eさんは大阪本社の営業部長に栄転の辞令を受けていたのです。ところが東京に残りたいEさんは納得しません。「なぜ俺を大阪に飛ばすんだ！」と社長に食って掛かります。社長は「大阪には君の力が必要なんだ、頼む」と何度も何度も頭を下げます。その夜十二時を回っても社長はEさんを説得し続けましたが、諦めて先に帰宅されました。

Eさんはヤケ酒飲みの状態になり、私は朝までお付き合いして励ましました。ところが驚いたことに、翌日もまたEさんはヤケ酒を飲みに来店され、それが一週間以上も続いたのです。私はこの方はここまでだなと思いました。その後、Eさんが出世することはありませんでした。

逆境に置かれたとき、粋な男性は絶対にふて腐れたりしません。そのとき自分にできる最大限の力を尽くそうと、明るく前を向くのです。銀座にいると、そんな粋な男性の復活劇をいくつも目の当たりにさせていただいて、本当に幸せな仕事だなと思います。

企業買収に待ったをかけた正義の役員

買収予定先に粉飾決算の疑いが

Fさんは大企業の役員をされているお客様で、ある日三人の役員仲間を連れて来店されました。いつもはにこやかなFさんですが、その日は「会社の大事な相談をするんだ。今日はママ以外は席につかないでもらえるかな?」と珍しくピリピリした雰囲気です。

Fさんの会社では、会長と社長がある海外企業を買収しようとしているところでした。

この買収合併が決まったら業界のトップニュースとなり、会長と社長の手腕を世に知らしめることができる、そして間もなく引退予定の会長は有終の美を飾ることができるというシナリオでした。

ところが、Fさんの豊富な人脈からの情報で、買収予定先は多大な粉飾決算をしている上に、製品の製造過程に違法性が存在することが分かり、数年後には大問題になることが予想されていたのです。

Fさんはこのことを会長と社長に何度も進言し、買収合併を思いとどまるよう説得しているのですが、まったく聞き入れてもらえない状況でした。買収を決める役員会議での裁決は、翌日に迫っていたのです。そこでFさんは三人を何とか説得し、会議で反対票を投じてほしいと説得し続けていたのです。

義を見てせざるは勇なきなり

三人は、会長や社長に刃向かったらその後どんなことになるかと、腰が引けてしまっていました。Fさんはそれでも夜中まで、「若い社員たちのためにも、会社を守ろう！　義を見てせざるは勇なきなりだ」と必死の説得を続けていました。

結局この買収は別の事情から延期が決まり、その後になってこの粉飾決算などの件が暴露されました。首を縦に振ろうとしなかった役員の三人も、Ｆさんの姿勢が間違いなく正義だったと思い知らされたことでしょう。

粋という言葉には、江戸時代の人々の美意識や反骨精神も表されているようです。Ｆさんの「粋な姿」を、私はあの夜しっかりとこの目に焼き付けたのです。

十周年のお祝いに

「亜紀ちゃんを見守ってほしい」

二〇〇六年秋、私は中国・紹興市の高層ビルのレストランから市内を見下ろしていました。お店のお客様Ｇさんが、私ともう一人のホステスを、「稲葉」の十周年のお祝いにと招待してくださったのです。でもなぜ中国へ行くのか、事前には何も伺っておりませんでした。

Gさんは、稲葉の開店後間もなく、中国のお仕事を担当されるようになりました。にもかかわらず、帰国のたびにマメにお店へ顔を出してくださるお客様です。ただそれが私自身に対して特別な好意を持ってくださるからというふうにはなぜか見えず、どうして稲葉に通ってくださるのか少し不思議だったのです。そのことを中国に向かう道中で尋ね、やっとその理由が分かったのでした。

Gさんにとって会社の先輩であり、恩人でもあるHさんという方がいらっしゃいます。Hさんは私の日本橋時代からのお客様で、とてもかわいがっていただきました。ところが稲葉の開店と前後して、Hさんはご病気になられ、銀座へ通うのが難しくなりました。そこでHさんは、部下だったGさんに、「亜紀ちゃんがしっかり店を切り盛りできているか、見守ってやってほしい」と頼んだと言うのです。Hさんがそんなことを言ってくださったという驚きと同時に、先輩への恩義のためとはいえ、十年にわたって本当にその言葉通り、稲葉を見守り続けてくださったGさんの男気に感じ入っていたところでした。

中国への旅行に込められた意味

Gさんはさらに、眼下に広がる高層ビル群を見つめながら、「亜紀ちゃん、ここはね、十年前は一面の野原だったんだよ。僕たちが中国に進出して、何一つなかったここに水道を引くところから始めて、たった十年の間にここまでになったんだ。その間に会社も大きく成長した。僕たちにとっては、野原が高層ビルの大都会になっていくのを見つめる十年だった。あなたもお店を開いて十年でしょう。そういうお互いの十年の、今日はお祝いだよ」とおっしゃったのです。

それは本当に粋な計らいでした。やっと今回の招待の意味を理解した私は、改めて紹興のビル群を見つめ直しました。その風景は、ついさっきとはまったく異なるものでした。Gさんと部下たちが、野原の真ん中に水道が通ったことを確認して、手を取り合って喜ぶ姿が目に浮かぶようです。そして銀座に稲葉をオープンさせてからの十年間も、走馬灯のように頭を駆け巡ります。Gさんの後ろでかげながら私を見守り続けてくださったHさんの笑顔も重なってきました。すぐに涙のせいで全部の映像がぐちゃぐちゃにぼやけます。Gさんと Hさんの温かな情と、そんなふうに見守っていただいていることさえ気づかず、がむしゃらに走ってきた自分の姿と、途方もないありがたさと――。訳の分からない、説明のつかないような思いで胸がいっぱいでした。銀座のママとしての宝石のような大切な思い出の一つです。

銀座の屋上でミツバチを飼う粋人

「ママ、女王蜂になってください」

前章で触れた「銀座ミツバチプロジェクト」は、二〇〇六年に銀座で多目的ホールなどを経営する紙パルプ会館の取締役である田中《たなか》淳夫《あつお》さんが、養蜂家の藤原誠太さんと出会ったことで始まった活動です。最初はオヤジの趣味のようなものだったのが、徐々に世間から注目を浴びていきます。

ちょうどミツバチが減少し始めた頃でした。植物の交配という役割を持つミツバチが絶滅してしまうと、農作物の八割は正しく実らなくなります。アインシュタインは、ミツバチが全滅したら四年後に人間も絶滅すると予言しているようです。専門家たちの大方の意見は、電磁波の影響では、というものでしたが、電磁波だらけの大都会銀座でミツバチが元気に飛んでいることで、実は新しい強い農薬の影響ではないか、と考えられるようになってきました。そこで田中さんたちは、銀座から環境問題を発信し、食の安全や農業の問題を考えていこうと、このプロジェクトを発足されたのです。

こう聞くと、田中さんのイメージとしてガチガチのいわゆる社会運動家のような姿が浮かばれるかと思いますが、実は真逆で、いつも冗談ばかりの方なのです。田中さんはある日突然、GSKの理事をしていた私のところへ来られて、「一緒に養蜂をしていただけませんか」とプロジェクトに誘いました。「私は夜の蝶なの。ミツバチはイヤです」と最初はお断りしました。すると田中さん、「働き蜂がなぜ一生懸命働くかご存じですか？　女王蜂がフェロモンを出して指示しているからです。僕たちも女王蜂がいたらもっと頑張れます。だからぜひ、ママに女王蜂になってもらいたいのです！」と意味不明な説得をするのです。

意味不明でしたが、でも面白い、惹きつけられる方だなあ、と思ってしまったのでしょう、「分かりました、お手伝いさせてください」と言ってしまいました。改めて振り返ってみると、要は「オヤジだけじゃつまらん」というだけのことだったのでしょうね。

自由な発想で楽しそうに人を巻き込んでいく

田中さんの発想で、活動領域はどんどん広がっていきました。

銀座のミツバチは皇居、浜離宮と遠くまで飛んで行き、また銀座に戻って来ます。そのとき体に付けている花粉や蜜は、人間に換算するとスイカを二つ持っている重さになるそうで、かなりの重労働を強いられていたのです。そこで、近場でより活動しやすいように銀座のビルの屋上に蜜源となる畑を作ろうということになり、ビルのオーナーに屋上の提供を依頼し、他のお店のママやホステスたちも農作業を始めました。

その畑で、ミツバチが好み、かつ銀座の飲食店で使えるものを育てようと、料理人やバーテンダーも巻き込んでいきます。さらにせっかくなら日本全国いろいろな地方のものを植えて育てようと、新潟の黒埼茶豆、福島県須賀川のキュウリ、熊本のトマト、大分のカボス……と、バラエティ豊かになりました。収穫祭として、それぞれの地方の市長さんや市民の方に銀座にいらしていただき、屋上で交流会をしつつ銀座から地方の魅力を発信する活動へと展開していったのです。

田中さんは、世の中のためになることに大真面目に取り組んでいるにもかかわらず、いつも〝ひょうひょうと〟楽しそうな様子、まさに粋な男なのです。自由でやわらかな発想をされる田中さんの魅力は、どんどん人々を巻き込み、活動の幅は現在進行形で広がっていっています。

ヤマト運輸の元社長・小倉昌男さんの思い出

「クロネコヤマトの宅急便」の生みの親

前章で、「銀座ミツバチプロジェクト」への参加をきっかけに、自分のお店だけでなく銀座という街全体へ視野を向けていくようになったというお話をいたしました。その折々の場面で、何度となく思い出すようになったお客様がいました。それが「クロネコヤマトの宅急便」でおなじみのヤマト運輸の元社長、小倉昌男《おぐらまさお》さんです。

小倉さんはかなり晩年になられてから、「稲葉」にいらしてくださるようになりました。一九九五年にヤマトの名誉会長を退任された後、ヤマト福祉財団の理事長として銀座に「スワンカフェ」をオープンされたことで、銀座をよく訪れるようになられたのかもしれません。

お仲間のどなたかに、珍しい大卒のママがいるよ、と誘われて、稲葉に興味を持っていただいたご様子でした。いつもお仲間と一緒にいらして、明るく楽しく上品に、お酒を楽しまれていました。そして時折、決して説教調ではなくニコニコとされながら、でもとても深い言葉を掛けてくださったのです。

「夢はあるのか?」「はい、夢はあります」「そうか、でも夢だけじゃいけない」「どうしてですか?」「夢だけじゃなく、ちゃんと志を持って、この仕事が人や世の中の役に立つように、発展させなきゃ」——そんな会話がありました。

また小倉さんに教わった言葉に、「三方よし——売り手よし、買い手よし、世間よし」という近江商人の言葉がありました。稲葉を開店したばかりだった当時、私はこの三方を、

「経営がきちんと成り立つお店、お客様にとって楽しいお店、女の子が働きやすいお店」と勘違いしてとらえていました。今は「世間よし」=私自身が仕事を通して世の中のために何ができるか、ということを日々問い続けています。

そしてまた、「この頃の銀座は本当に面白くないお店、面白くない女性が多いよ」「銀座のママというのは、女性として最高の仕事だ。だから普通に大学を出て銀座のママになるような女性が増えるように、夜の銀座を大事な日本の文化として守って、発展させて」という言葉もいただいたのです。

仕事の意味を教えてくれた小倉さん

私自身も、銀座のクラブで魅力的な女性に出会ったとき、お客様の顔色がパッと変わるのをこれまで何度も見てきました。企業戦士が心と体を休めにクラブを訪れたときに、ただ女性に優しく癒される、というだけでなく、刺激を受けることで明日への活力になる、ということは現実にたくさんあるのです。

こんなに素敵な女性がこんなに頑張っているんだから、男の俺はもっと頑張らなきゃ、と思ってくださるような、人間同士が刺激し合って磨き合う場所。そういう場所はなかなかありません。銀座のクラブこそ、そういう場所でありたいのです。

私はホステスになりたての頃、「クラブの仕事ってこんなに奥深いんだ」と、ある種の感動を覚えました。商売のことを考えながらお客様を楽しませる、そのためにしなくてはならない勉強が山ほどありました。私の二十代は、ビジネスや経済の知識に、着物の勉強やゴルフの練習などで、あっという間に過ぎていきました。ゴルフもただついて行けばいいわけではなく、接待を盛り上げつつ、足手まといにならないためにはスコア一二〇以上は叩けません。そこまで持っていくために、何年も毎日のように練習に通ったものです。

そして今、稲葉には大学を卒業して稲葉を就職先として選んだホステスが二人います。彼女たちも私と同じように、夜の銀座で一般企業とはまた違ったやりがいのある仕事ができるのではないか、と思って来てくれました。一人は、銀座でいろいろと修行をして、それから起業したいと考えているようです。私にとっては非常に育て甲斐があり、今から楽しみです。

実は私は当時、小倉さんがそんな素晴らしい方だとは理解しておらず、「明るいおじいちゃん」くらいに思っていました。でもそのときの小倉さんの言葉が、私の根っこのところにずっと染み込んでいたことに、後になって少しずつ気づいていきました。

小倉さんがその後ご病気で入院され、お店にいらっしゃらなくなった後、秘書の方が三回ほどいらして、「小倉さんからの伝言を持って来たよ」とおっしゃいました。それはただ、「志を持って、世のため人のため、銀座のために頑張れ」と——。ご自分が入院されているのに、そんな伝言を私に届けてくださる小倉さんの粋さが、私の心の奥をつかみ続けています。そしてこの後、私が志の高い女性を応援する「銀座なでしこ会」や若者の勉強会「志塾ＩＮＧ」を始めるに至った根底には、小倉さんの言葉があるのです。

スピンオフ

家庭、出産、子育て

「仕事をしながらも幸せな家庭を築く」というのは、銀座のママの世間一般のイメージとしては思い浮かばないかもしれません。でも私自身としてはまったく逆で、結婚して子どもを産み、かつ仕事も続けたいからこそオーナーママになろうと思ったのです。

私は大学入学後、すぐOG訪問を始めました。東京に出て来る際の条件が、卒業後は大分で教師になることでしたが、実は帰るつもりなど一ミリもなかったのです。だからこそ、帰らずにすむよう、仕事について一年生の時点から真剣に切実に模索していたのでした。

でもその夢はすぐに打ち砕かれます。憧れの新聞社や出版社にそんな先輩は皆無。施行されて間もない男女雇用機会均等法は、まだまだ絵に描いたモチでした。ある商社で有名だった女性営業マンは、パンツスーツでガチガチに武装しタバコの煙を吐きながら、甘い期待を抱く私を、「子ども？　万一結婚はできたとしても、仕事で家になんか帰れないから、子育てなんてムリムリ」と笑い飛ばしました。

そんなときアルバイトで入った日本橋のクラブのオーナーは、結婚して子どももいて現役で働いていたのです。「そうか、オーナーママになれば全部諦めなくて済む！」やっと思い描く将来像が見えたのでした。

「稲葉」をオープンさせてすぐ、なじみのお客様方に「結婚したいんですけど、どなたかいい方いませんか？」と尋ねると、三人のお客様が同じ男性を推薦しました。それが今の主人です。そして一九九八年に長女を、二〇〇〇年に次女を出産しました。主人の協力はもちろんのこと、私の母と主人の母と、シッターさんに家政婦さんと、まさに綱渡りで子育てを乗り切りました。主人はいわゆる〝イクメン〟の走りですね。長女が一歳になってからの数年間は、私の母が大分から来て同居してくれた時期もありました。

長女も次女も中学生時代は反抗期で、子育てはそれはそれは壮絶なものでした。長女には「ママ、水商売なんて若いときにやるものでしょ？　そんな年になってまでやらないでよ！」「着物を着て家のまわりを歩かないで！　水商売なんて恥ずかしい！」などと大変な勢いで言われました。自信を持って選んだ道でしたが、子どもにそう言われてしまうと、私でも傷つきます。「……ママは、自分の仕事に誇りを持っているよ」としか言えませんでした。次女も中一、中二のときはまったく口を利いてくれませんでした。中三になり、受験のことで私と一緒に学校に行くようになり、少しずつ態度が緩んでいきました。そのとき成績表を見て「中二のときは、ずいぶん今より悪いんだね。こんなに悪かったんだ」と言うと、「私ね、中二のときグレてたかもしれない」と答えるので、「あ、そっか。グレてたんだね。ゴメンね」と私も謝りました。

女性起業家のパイオニアをモデルにした「あさが来た」というＮＨＫの朝ドラがありましたが、放映中はお店のお客様に「今日も観たよ、『あさが来た』！　亜紀ちゃん家の子どもも大変だねえ」なんてよくからかわれました。ドラマで主人公のあさが、去年の七夕の短冊を見ながら、娘に「七夕の短冊、お母さんに見てもらいたかった」と言われたことを思い出し、納屋に駆け込んで泣くシーンがあります。それを観て、本当にそうだった、一緒に過ごす時間の少なさがつらくてつらくて、泣きながら仕事していたなあ、と懐かしく思いました。

おわりに

大分県竹田市――。田舎の町で生まれ育ち、上京した大学時代にホステスという仕事と出会い、銀座で店を構えて二十年以上が過ぎました。これまでの人生を振り返るとともに、これからの生き方を改めて考える年齢を迎えています。

私の生き方を一言で表現するとしたら「挑戦の連続」ではないかと思います。常に前進していないと、何か落ち着かないような、目標を達成したら、また次を求めたくなる、そんな性分です。こんな私にとって、ホステスという仕事に巡り合えたことは大きな幸せでした。常に自分を磨き高めることが求められる、そして女性の特性を最大限に発揮できる素晴らしい職業です。

二十九歳で銀座でクラブを二軒持ちました。店名は「稲葉」、故郷の川の名前です。銀座を第二の故郷と思い、根を張って生きていこうと決意してから、あっという間に月日は流れていきました。阪神・淡路大震災、東日本大震災、バブル崩壊、リーマン・

ショック、大きな災害や経済的打撃も経験しながら銀座で生きてきました。荒波にのまれもがき苦しみながら、挑戦と闘いを続け、時には家族や友人に迷惑を掛けたり、多くのお客様に助けていただいたりしながら今日まで泳ぎ切ったこれからの人生、銀座のママという職業を超えた、次なる使命を感じています。

長引く不景気で、銀座の輝きが失われるのではないか、銀座のために私に何かできることはないか、と思い始めた頃、ＧＳＫ（一般社団法人銀座社交料飲協会）の理事となり、街の活動にも参加するようになりました。現在では、銀座料理飲食業組合連合会の理事も務め、銀座の魅力をいかに守り発信していくか、活動に取り組む日々です。

「銀座ミツバチプロジェクト」もどんどん発展していますが、大真面目に地球の環境について考え、発信する活動の根底にあるものは「遊び心」です。遊びの本質は奥深く、日本人の「粋」へと通じているのです。この活動で、今後大きく取り組むことは「地方の魅力を銀座から伝えること」です。それぞれの地方の宝を地元の方々が見つけるのは、なかなか難しいですが、銀座の粋人たちが「遊び」の目を持って、地方の面白いもの、他にはないものを探して、それを大都会から発信する役割ができるのではないかと感じます。
数年前、大分県の「豊の国かぼす特命大使」に任命され、二〇一五年からは大分県竹田市東京事務所長の役目もいただきました。多くの方々に支えられ応援していただいた私が、これから恩返しすることは、銀座の仕事を通じて培った感性、知恵、人脈で、故郷や地方を元気にすること。さまざまな地方と地方を結びつけ、銀座を舞台に交わり、そこから新たな価値を生み出す場をつくっていくこと。そして、その役割を果たすことで、銀座の街がさらに輝き魅力的になっていくのではないかと思います。

小倉昌男さんにいただいた言葉を胸に刻み……、自分の夢を叶えるだけでなく志を持って、自分の仕事や取り組みがいかに世の中のためになっているか、日本の役に立っているかを常に自身に問い掛けながら、これからも挑戦を続けたいと思います。

二〇一七年三月

白坂 亜紀

STAFF

◆Editor　林　陽子
◆Designer　梅井 裕子（デック C.C.）
◆Photographer　篠田 英美
◆Proofreader　梅澤 美奈子
◆Director　舟川 修一（時事通信出版局）
◆Special thanks　坂上 幸一（内外情勢調査会）

著者紹介

白坂 亜紀（しらさか・あき）

参議院議員／銀座クラブ「稲葉」オーナーママ

1966年、大分県竹田市生まれ。85年、早稲田大学第一文学部入学。87年〜、日本橋の老舗クラブにて勤務、女子大生ママとなる。96年、銀座にクラブ２店舗を開店。NPO法人銀座ミツバチプロジェクト理事長、銀座料理飲食業組合連合会理事、一般社団法人銀座社交料飲協会副会長、銀座なでしこ会代表、大分県竹田市東京事務所長、大分県豊の国かぼす特命大使、株式会社白坂企画代表取締役、一般社団法人内外情勢調査会講師として、全国での講演会、テレビ・ラジオ出演、新聞・雑誌への寄稿など、精力的に活動している。2023年4月、参議院大分選挙区補欠選挙に自由民主党公認候補として立候補し当選する。著書に『銀座の流儀』『セ・ラヴィ　これこそ人生！』（時事通信社）、『銀座の秘密　なぜこのクラブのママたちは、超一流であり続けるのか』（中央公論新社）、『粋で鯔背なニッポン論』（ビジネス社）などがある。

URL: https://shirasakaaki.jp/

銀座《ぎんざ》の流儀《りゅうぎ》 ──「クラブ稲葉《いなば》」ママの心得帖《こころえちょう》

2017年３月28日　初版発行
2024年７月20日　第11刷発行

著　者　　白坂 亜紀
発行者　　花野井 道郎
発行所　　株式会社時事通信出版局
発　売　　株式会社時事通信社
〒104-8178　東京都中央区銀座 5-15-8
電話 03（5565）2155　https://bookpub.jiji.com/

印刷・製本　　株式会社太平印刷社

ISBN978-4-7887-1514-1　C0095　Printed in Japan